기초 라틴어 문법
Basic Latin grammar

조경호 저

문예림

저자 조경호 (趙敬浩)

〈약 력〉
- 한국외국어대학교 스페인어과
- 한국외국어대학교 대학원 서어서문학과 (서어학) 석사
- 한국외국어대학교 대학원 서어서문학과 (서어학) 박사과정 수료
- 한영외국어고등학교 스페인어 담당 역임
- YMCA(종로)외국어학원 스페인어 담당 역임
- (신림동) 춘추관 법정연구회 스페인어 담당 역임
- EdustarTV 스페인어 방송강사 역임
- 한국외국어대학교 BK21 박사과정 연구원 역임
- (종로) 청문외국어학원 스페인어 담당 역임
- 현, 한국외국어대학교 부속외국어고등학교 스페인어 담당

〈저서 및 논문〉
- 이베리아반도 내의 모음 규칙 연구(2000)외 다수 논문
- 스페인어 능력시험 DELE(2006)
- 스페인어 언어학·문법사전(2007)
- 꿩먹고 알먹는 라틴어(2007)
- 스페인어 능력 듣기시험(2007)
- 최신 스페인어 문법(2008)
- 라·영·한 소사전(2009)
- 한서영 포켓단어장(2010)
- 스페인어 회화 사전(2010)
- 스페인어 기초 어휘(2010)
- 교과서 Escucha(2011, 공저)
- 스페인어 첫걸음(2012)
- El crónometro Manual de preparación del DELE A1(2012, 편역)

기초 라틴어 문법

초판 인쇄 : 2019년 9월 30일
초판 발행 : 2019년 10월 5일

저　자 : 조 경 호
펴낸이 : 서 덕 일
펴낸곳 : 도서출판 **문예림**
등　록 : 1962. 7. 12 제2-110호

주소 : 경기도 파주시 회동길 366(서패동) (10881)
전화 : (02)499-1281~2
팩스 : (02)499-1283
http://www.bookmoon.co.kr
E-mail : book1281@hanmail.net

ISBN 978-89-7482-735-9(13790)

＊잘못된 책이나 파본은 교환해 드립니다.

머 리 말

'라틴어를 공부한다'는 것은 '외국어를 배운다'라고 생각하기보다는 많은 부속과 연결고리를 가진 기계를 조립하고 맞춰보는 공학자의 느낌이 아닐까 생각합니다. 하지만, 많은 연결고리를 맞추면서 이 자리가 좋은지, 저 자리가 좋은지 고민을 여러 번 하고 시도도 해보지만, 역시 딱 맞는 자리는 결국 한 곳밖에 없다는 결론에 이르게 하는 것도 깨닫게 됩니다. 이렇게 복잡하고, 변화무쌍한 것이 어떻게 이렇게 정교하게 들어맞는지 보고 있자면 신기할 따름입니다. 게다가 이 언어의 생성이 현대의 과학적 논리도 현대의 많은 학자들이 모여 만든 언어도 아닌 2000년 전의 고대의 문자로 인식할 때는 더더욱 경외감마저 들 때가 한두 번이 아니였습니다. 대학 때부터 조금씩 공부해 대학원을 거쳐 지금 교편을 잡기까지 20여 년을 조금씩 가까이 하던 라틴어가 어느새 가르치는 입장이 되어, 알고 있던 것을 쉽게 풀어 가르치기가 항상 편하지만은 않은 상황이었습니다. 짧은 시간에 많은 정보를 얻기보다는 그 기본이 되는 틀을 갖추는데, 먼저 공을 들여야 한다고 생각했기 때문에 이 책을 정리하기 시작했습니다.

이 책은 한국외대부속 용인외고 라틴어연구동아리(Modus Sapientis)의 1학년들의 주 교재로 사용하던 Latin for beginners(Benjamin L. Dooge. 1909) 책의 방대한 양을 다시 효과적으로 줄이고, 우리 실정에 맞게 재해석해서 만드는 교재입니다. 라틴어의 방대한 모든 것을 담기에는 부족한 면이 있지만, 기초를 다지는 교재로는 충실히 하려고 라틴어 연구동아리가 2012년부터 그룹스터디를 하면서 함께 만들어온 책입니다.

정말 바쁜 스케줄 속에 자신의 공부와 병행하면서 수고해준 라틴어동아리 소속 6기, 7기, 8기 전체 학생들에게 고마움을 전하며 특히, 6기 정준우, 한상윤, 천온희, 7기 김도훈, 이채리, 박기정, 김현지, 8기 오다형, 함예찬 학생들에게는 더더욱 지면을 통해 고마움을 전하고 싶습니다. 특수 외국어에 대한 사랑과 관심을 쏟아주시는 문예림 출판사 서덕일 사장님과 직원 여러분께도 감사의 마음을 전합니다.

조 경 호

차 례

■ 발음 및 스캔션 ·· 8

1. 주어와 목적어 ·· 18
   - 주격, 대격, 탈격
   - Sum 동사

2. 명사의 수 ·· 22
   - 단수와 복수

3. 남성, 여성, 중성 ·· 27
   - 전치사

4. 속격 ·· 32
   - 의문문

5. 명사의 격 ·· 38
   - 호격
   - 형용사

6. 조동사 ··· 44
   - 동사원형
   - 여격

7. 명사의 형태 I ·· 51
   - 1변화 명사
   - 2변화 명사
   - 3변화 명사

8. 동사의 형태 Ⅰ ·· 58
   - 1변화 동사 현재와 미래
   - 2변화 동사 현재와 미래

9. 형용사 형태 ·· 66
   - 1변화 형용사
   - 2변화 형용사
   - 3변화 형용사
   - Gerundive

10. 동사의 형태 Ⅱ ·· 74
    - 3변화 동사 현재와 미래
    - 4변화 동사 현재와 미래
    - 불규칙 동사

11. 동사의 형태 Ⅲ ·· 82
    - 과거 시제 : 불완료 시제와 완료시제
    - 현재분사형태(-ens)
    - 대과거와 미래완료

12. 대명사 Ⅰ ··· 92
    - 소유형용사

13. 명사의 형태 Ⅱ ·· 98
    - 4변화 명사
    - 5변화 명사

차례

14. 대명사 Ⅱ ·· 105
 - ille, hic, is, ipse, se

15. 동사의 형태 Ⅳ ··· 112
 - 수동태

16. 동사의 형태 Ⅴ ··· 120
 - 접속법
 - Ut, Ne, Cum

17. 디포넌트(Deponent) 동사 ··· 128
 - 형용사의 비교급과 최상급
 - 부사

18. 가정법 ··· 141
 - 수사

■ 라틴어 어휘 ··· 152

■ 연습문제 해답 ··· 198

기초 라틴어 문법

발음 및 스캔션

Part 1  1. 발음

01 라틴어 알파벳(Alphabetum)과 발음(Pronuntiatio)

aA 라틴어 알파벳의 첫 번째 문자. 어디에 쓰이건 「아, ㅏ」로 발음한다.

- rapitas 신속, 빠름
  라피타스
- amicus 친구
  아미쿠스
- aqua 물
  아쿠아
- absolutus 완전한
  압솔루투스
- adhuc 아직도
  아드훅
- aedificium 건물
  아에디피치움

bB 라틴어 알파벳의 두 번째 문자. 어디에 쓰이건 「ㅂ」로 발음한다.

- barba 턱수염
  바르바
- balnea 목욕탕
  발네아
- bonum 선(善)
  보눔
- urbs 도시, 수도
  우르브스
- rabidus 미친
  라비두스
- subdoctor 부교수, 조교수
  수브독토르

cC 라틴어 알파벳의 세 번째 문자. 뒤에 오는 모음에 따라 「ㅋ, ㅊ」로 발음한다.
뒤에 오는 모음이 /e, i/음이 올 때, [ㅊ] 소리가 나며, 뒤에 오는 모음이 /a, o, u/가 오면 [ㅋ] 소리가 난다.

- Cicerō 키케로(이름)
  치체로
- circā ~의 주위에
  치르카
- cūr 왜(의문사)
  쿠르
- culpa 과오
  쿨파
- cēnsus 인구조사
  첸수스
- castellum 요새; 성(城)
  카스텔룸

d D 라틴어 알파벳의 네 번째 문자. 어디에 쓰이건 「ㄷ」로 발음한다.

dēbeo 소유하다
데베오

decimus 열 번째(의)
데치무스

diem 낮, 날(日).
디엠

difficilis 어려운
디피칠리스

digitus 손가락
디지투스

diploma (여행허가) 신분증
디플로마

e E 라틴어 알파벳의 다섯 번째 문자. 어디에 쓰이건 「ㅔ」로 발음한다.

ecquandō 언제라도
에크콴도

ēlūdō 벗어나다
엘루도

ēnūntiātiō 발표, 공표
에눈시아시오

equus 말(馬)
에쿠우스

ego 나
에고

elephantus 코끼리
엘레판투스

f F 라틴어 알파벳의 여섯 번째 문자. 어디에 쓰이건 「ㅍ」로 발음한다.

fābula 말하다
파불라

facilis 쉬운
파칠리스

fatīgō 지치다
파티고

fēmina 여성
페미나

ferōx 사나운
페로쓰

fōrmō 만들다
포르모

g G 라틴어 알파벳의 일곱 번째 문자. 뒤에 오는 모음에 따라 「ㅈ, ㄱ」로 발음한다. 뒤에 오는 모음이 /e, i/음이 올 때, [ㅈ] 소리가 나며, 뒤에 오는 모음이 /a, o, u/가 오면 [ㄱ] 소리가 난다.

gēns 민족, 부족
젠스

Gigantēs 거인
지간테스

globus 둥근 덩어리
글로부스

gravis 무거운
그라위스

gubernō 통치하다
구베르노

gustūs 맛, 미각
구스투스

h H 라틴어 알파벳의 여덟 번째 문자. 어디에 쓰이건 「ㅎ」로 발음한다.

habitō 살다
하비토

homō 사람
호모

honor 영예
호노르

hospes 손님
호스페스

hūic 여기
후이크

hodiē 오늘
호디에

i I 라틴어 알파벳의 아홉 번째 문자. 어디에 쓰이건 「ㅣ」로 발음한다.
자음의 'i'는 「야」음을 취한다.

iam 지금
이암

īdem 동의
이뎀

imitātiō 흉내, 모조
이미타시오

importūnus 불편한
임포르투누스

indicium 정보
인디치움

īnsomnium 불면증
인솜니움

j J 라틴어 알파벳의 아홉 번째 문자('i'와 같은 글자로 취급). 어디에 쓰이건 「ㅣ」로 발음한다. 이 글자는 여덟 번째 문자인 'i'와 같은 음가를 가지고 있으며, 아예 'j' 대신에 'i'로 교체하여 사용하는 글자가 많음.

jactantia 자만
약탄시아

jējūnium 공복, 금식
예유니움

jocus 농담
요쿠스

jūdicium 재판, 심판
유디치움

jūnior 젊은이
유니오르

jūxtā 옆에, 가까이
유쓰타

k K 라틴어 알파벳의 열 번째 문자. 어디에 쓰이건 「ㅋ」로 발음한다.

kalendārium 달력
칼렌다리움

Karthāgō 카르타고(나라명)
카르타고

kalium 칼륨(화학원소)
칼리움

l L 라틴어 알파벳의 열한 번째 문자. 어디에 쓰이건 「ㄹ」로 발음한다.

labor 노력, 노동
라보르

laudō 칭찬하다
라우도

lavō 씻다
라보

līber 자유로운
리베르

liber 책
리베르

nūllus 아무도 ~아니하는
눌루스

m M 라틴어 알파벳의 열두 번째 문자. 어디에 쓰이건 「ㅁ」로 발음한다.

manus 손
마누스

māter 어머니
마테르

mātrimōnium 결혼
마트리모니움

maximē 매우, 아주
막시메

medicus 의사
메디쿠스

mīlle 천(千)
밀레

nN
라틴어 알파벳의 열세 번째 문자. 어디에 쓰이건 「ㄴ」로 발음한다.

nāris 코
나리스

nātiō 부족, 국가
나시오

nātūra 자연
나투라

negōtium 사업
네고시움

nōmen 이름
노멘

novīcius 새로운
노위치우스

oO
라틴어 알파벳의 열네 번째 문자. 어디에 쓰이건 「ㅗ」로 발음한다.

obiectus 사물, 목적물
오브엑투스

obligātus 의무의
오블리가투스

observō 관찰하다
오브세르우오

occupātus 바쁜
옥쿠파투스

opīniō 의견
오피니오

optimus 최상의
옵티무스

pP
라틴어 알파벳의 열다섯 번째 문자. 어디에 쓰이건 「ㅍ」로 발음한다.

palma 손바닥
팔마

parātus 준비된
파라투스

pater 아버지
파테르

pāx 평화(= pācis)
파알스   파치스

plūs 더(욱)
플루스

populāris 대중의
포푸라리스

qQ
라틴어 알파벳의 열여섯 번째 문자. 반드시 u와 함께 다른 모음 앞에서만 쓰인다. 「ㅋ」로 발음한다.

quando 언제
콴도

quis 누구
퀴스

quantus 얼마나 큰
콴투스

quomodo 어떻게
쿠오모도

quotiens 몇 번이나
쿠어시엔스

qualis 어떤, 무슨
콸리스

rR
라틴어 알파벳의 열일곱 번째 문자. 어디에 쓰이건 「ㄹ」로 발음한다. 약간 혀를 굴리듯 발음한다.

rosa 장미
로사

rāna 개구리
라나

receptō 받아들이다
레쳅토

rēgīna 여왕
레지나

religiō 종교
렐리지오

respondeō 응답하다
레스폰데오

s S 라틴어 알파벳의 열여덟 번째 문자. 어디에 쓰이건 「ㅅ」로 발음한다.

sacer 성스러운	sāl 소금	salvēte 안녕(너희들)
사체르	살	살웨테
satisfatiō 만족	scrīptus 작문	sēnsus 감각
사티스파시오	스크립투스	센수스

t T 라틴어 알파벳의 열아홉 번째 문자. 어디에 쓰이건 「ㅌ」로 발음한다.

studium 열렬함	totus 모든	tristis 슬픈
스투디움	토투스	트리스티스
tuba 나팔	tunc 그때	turpis 못생긴
투바	툰크	투르피스

> **|주 의|**
>
> '-tio' 형태와 같이 다음에 모음이 따라오면, **-tia** '시아', **-tie** '시에', **-tii** '시이', **-tio** '시오'로 발음하지만 -ti 앞에 s, x, t가 오면 본래 발음대로 'ㅌ' 또는 약한 'ㄸ'으로 발음한다.
>
> 예 bēstia 짐승   ōrātiō 말, 담화
>   베스티아   오라시오

 라틴어 알파벳의 스무 번째 문자. 어디에 쓰이건 「ㅜ」로 발음한다. 자음의 경우는 'v'로 대용된다.

sanguis 피	lingua 혀, 언어	suādeō 권고하다
산귀스	린구아	수아데오
ubī 어디	ūtilis 유용한	ūva 포도
우비	우틸리스	우와

v V 라틴어 알파벳 문자로는 'u'와 같은 순서의 글자로 취급한다. 어디에 쓰이건 「ㅜ」로 발음한다. 이 글자는 'u'의 자음이므로 'u'와 똑같이 읽는다.

vivit 살다(3인칭단수)	vacātiō 자유	vacuus 빈, 깨끗한
위위트	와카시오	와쿠우스
valēns 강한, 건강한	vēritās 진리	vertō 돌리다
와렌스	웨리타스	웨르토

 라틴어 알파벳의 스물 한 번째 문자. 어디에 쓰이건 「ㄱ(=ㅋ)ㅅ」로 발음한다.

nox 밤
녹스

exaudiō 이해하다
엑사우디오

excellencia 우수, 탁월
엑스첼렌치아

excūsō 용서를 빌다
엑스쿠소

xiphiās 황새치(魚)
크시피아스

taxātiō 평가
탁사시오

 라틴어 알파벳의 스물 두 번째 문자. 라틴어에서 y는 그리스어에서 들어온 말을 표기할 때 사용되는 모음으로 「ㅣ」라고 발음이 된다.

pyelus 욕조
펠루스

mythicus 신비적
뮈티쿠스

phylaca 죄수
필라카

 라틴어 알파벳의 스물 세 번째 문자. 어디에 쓰이건 「ㅈ」로 발음한다.

zēlotypus 질투하는
젤로튀푸스

zōna 구역
조나

zōdiacus 12궁도의(점성술)
조디아쿠스

02 라틴어 강세(Accentus)

강세가 있는 음절은 다른 음절 보다 높고 강하게 발음된다.

1. 한 음절의 단어는 물론 그 음절에 강세가 있다.
    - 예) v**i**r 남자
      위르

2. 두 음절로 된 단어는 언제나 그 처음 음절에 강세가 있다.
    - 예) p**ā**-ter 아버지
      파-테르
      v**o**-co 부르다
      우**오**-코

3. 세 음절 또는 그 이상의 음절로 된 단어는 뒤에서 두 번째 음절(paenultima)의 발음이 길 때는 그 음절에 강세가 붙으며, 짧을 때는 뒤에서 세 번째 음절(antipaenultima)의 발음에 강세가 붙는다.
    - 예) de-mon-str**ā**-re 나타내다
      데-몬-스트**라**-레
      ce-l**e**-ri-tas 신속, 속력
      체-**레**-리-타스
      e-v**e**n-tus 결과
      에-**웬**-투스

|참 고|

① 라틴어에서는 음절의 수가 아무리 많아도 뒤에서 3번째 이상으로 올라가는 강세는 없음.
② 3개의 후접어(enclitic) : -que(및), -ve(또한), -ne(의문사).
  위의 후접어를 가지고 있는 단어는 무조건 그 후접어의 앞 음절에 강세가 온다.

- 예) mu-s**a**-que 노래와…
    무-**사**-퀘
    re-g**o**-ve 올바르게 알려준다. 또한…
    레-**고**-웨

03 라틴어 이중모음(Diphthongi)

*이중모음은 두 개의 모음을
한 개의 모음으로 취급하는 것을 말한다.
이중모음이 아닐 경우. 고전 라틴어에서는 모음 위에
우물라우트(¨)를 사용해 표시했다.
이중모음에서 장모음 취급하는 것은
'ae, oe, au, eu' 4개임을 명심한다.*

① ae [아에]   예 por-tae 입구(복수형)
                포르-타에

② au [아우]   예 au-rum 금(金)
                아우-룸

③ eu [에우]   예 Eu-rō-pa 유럽
                에우-로-파

④ ei [에이]   예 hei-a 야호(감탄사)
                헤이-아

⑤ oe [오에]   예 poe-na 벌(罰)
                포에-나

⑥ ui [우이]   예 suil-lus 백조
                수일-루스

|참 고|

이중모음이 아닌 것을 표시할 경우. 고전 라틴어 이후, 일반 문자에서는 우물라우트 표시(¨)를 사용하지 않는다.

예 Po-ë-ta 시(詩)
   포-에-타

Part 2  스캔션(Scansion)

01 장음이 되는 경우

① 장음 표시 : /ā, ē, ī, ō, ū/

② 이중모음은 4개는 장음: ae, au, oe, eu.
　　단, que의 경우는 장음 취급하지 않음.

③ 연음(elision) 세 개 : ~m+모음(시작어휘)
　　　　　　　　　　　 ~모음+h~
　　　　　　　　　　　 ~모음+모음(시작어휘)

④ 장음 취급 → 장모음+단자음
　　　　　　　　단자음+장모음

⑤ '모음+자음' 의 장음 취급
　　예 sonanta
　　　음절분해 : so / nan an / ta
　　참고 sonato (장음이 존재하지 않음)
　　　음절분해 : so / na / ta

⑥ 장단음 패턴
　　Dactyl = 장+단+단
　　Spondee = 장+장

※ 음절 분해할 때, 주의사항
　　예 sat est
　　　두 어휘를 분석할 때는…
　　　sa / tes / t…처럼 연결이 됨.

연습 문제

문제 I 다음 보기 문장의 장단음 표시가 정확한 것을 고르시오.

> | 보기 |
> hūc sē prōvectī dēsertō in lītore condunt

① − ∪ ∪ | − ∪ ∪ | − − | − −
② − − | − − | − − | − −
③ − − | − − | − − | − ∪ ∪
④ − − | − ∪ ∪ | − − | − ∪ ∪

문제 II 다음 보기 문장의 장단음 패턴이 정확한 것을 고르시오.

> | 보기 |
> panduntur portae iuvat īre et Dōrica castra

① S S S D ② S S D S
③ S D S S ④ D S D S

정답 : 1. ② 2. ②

01 주어와 목적어

- 주격, 대격, 탈격
- Sum 동사

01 주어

주어는 '은, 는, 이, 가'로 해석되는 부분으로 그 형태의 원형으로 취급되기도 한다. 문장의 맨 앞에 오는 것이 일반적인 규칙이지만, 라틴어는 정확히 말하자면 어순이 자유롭기 때문에 그 형태적인 부분의 '주격(Nominative)'의 형태로 암기를 해야 한다.

① America est patria mea. 아메리카는 나의 조국이다.
② Agricola filiam amat. 농부는 딸을 사랑한다.
③ Filia est Iulia. 딸은 이울리아 이다. (※ Iulia를 주어로 취급할 수 있다.)
④ Domina filiam pulchram habet. 여주인은 예쁜 딸이 있다.

02 주어는 동사의 인칭과 수를 결정

라틴어의 주어와 동사의 관계는 매우 밀접하다. 주어의 인칭과 수에 따라 동사가 변화하기 때문에 일단, 주어에 관심을 두어야 한다. 그러나 한편으로는 주어는 동사의 변화를 보며 유추할 수 있음으로 거의 항상 생략되는 경우가 많다.

① Galba est agricola. 갈바는 농부이다.
  → Galba et Sanchus sunt agricolae. 갈바와 산쿠스는 농부(들)이다.
② Nauta pugnat. 선원은 싸운다.
  → Nautae pugnant. 선원들은 싸운다.

★ Galba와 Nauta는 3인칭 단수임으로 동사는 인칭과 수에 맞춰야 한다.

03 주격, 대격, 탈격

① 주격

문장의 '주어'를 의미하며, 라틴어에서는 단수와 복수의 형태를 정확히 구분해야 하며, 대명사 주어의 경우는 대부분 생략을 한다. 이유는 이미 앞에서 나왔던 정보를 반복하지 않으며, 동사의 형태로 인해 주격의 인칭과 수를 알 수 있다.

Filia agricolae nautam amat. 농부의 딸은 선원을 사랑한다.
Cogito ergo sum. 나는 생각한다. 고로 존재한다.

② 대격

문장의 '직접 목적어'를 의미하며, 단·복수 형태를 구분한다. 간접목적어와 사용하는 쓰임이나 형태가 다르다는 것에 유의한다.

Filia agricolae nautam amat. 농부의 딸은 선원을 사랑한다.

③ 탈격

문장의 '이탈의 어감을 주는 전치사' 뒤에 오는 '명사'를 의미하며, 주격과 마찬가지로 단·복수 형태를 구분한다. 전치사의 성격에 따라 '대격'을 명사로 사용하는 경우가 있다는 것을 유의한다.

Puella parva bonam deam in silva amat.
작은 여자아이는 숲속에 있는 아름다운 여신을 사랑한다.
※ 형용사는 수식할 명사에 따라 그 형태가 결정됨에 주의 : parva, bonam

c.f. Agricolae properant ad silvam. 농부들은 숲으로 진격한다.

> **기억하기**
>
> **탈격을 사용하는 전치사**
>
> ① a 또는 ab : ～로부터
> ② de : ～의, ～로부터 유래한, ～로부터
> ③ e 또는 ex : ～의 밖에, ～로부터
> ④ cum : ～와 함께
> ⑤ in : ～(안)에서

04 Sum 동사

	단수	복수
1인칭	sum	sumus
2인칭	es	estis
3인칭	est	sunt

술어는 동사 상당어구를 지칭한다. 일반동사의 경우는 동사만을 지칭하며, be동사에 해당하는 Sum동사의 경우는 자체적인 의미를 갖는 경우도 있지만, 형용사나 명사까지 포함해 나타난 의미를 말하는 경우가 있다.(원형은 'esse' 임)

① Iulia et agricola sunt in insula. 이울리아와 농부는 섬에 있다.
② Iulia est puella pulchra. 이울리아는 예쁜 소녀이다.
③ Rosam in comis habet. 장미를 머리에 꽂고 (가지고) 있다.

01 연습 문제

문제 I 다음을 한국어로 번역하시오.

1. Nauta pugnat, nautae pugnant.
   _____

2. Puella amat, puellae amant.
   _____

3. Agricola portat, agricolae portant.
   _____

4. Filia laborat, filiae laborant.
   _____

5. Nauta bonus nuntiat, nautae boni nuntiant.
   _____

6. Dominae pulchrae amant, domina pulchra amat.
   _____

어휘 참고

pugnare	싸우다
portare	운반하다
laborare	일하다
nuntiare	언급하다

02 명사의 수

— 단수와 복수

01 명사

라틴어에서 단수와 복수의 관계는 모든 격에서 존재를 한다. 영어의 단수와 복수형처럼 단순히 -s 또는 -es를 붙이는 것이 아니라, 명사의 종류 5가지에서 5가지 단수·복수형태가 격 모두에서 존재한다.

> **예** 1변화 명사의 예
> ※ 격변화란 문장성분을 의미하는데, 문장성분마다 그 각각의 형태를 지니고 있다.

라틴어 격변화		한국어		
(영어식) 격변화 명칭	명사변화	문장성분 명칭	명사의 변화	
Nominative	domina	주격(주어)	여주인은	단수
Genitive	dominae	속격(소유격)	여주인의	
Accusative	dominam	대격(직접목적어)	여주인을	
Nominative	dominae	주격(주어)	여주인들은	복수
Genitive	dominarum	속격(소유격)	여주인들의	
Accusative	dominas	대격(직접목적어)	여주인들을	

① 1변화 명사 주격 단수의 어미 : -a
② 1변화 명사 주격 복수의 어미 : -ae
③ 1변화 명사의 속격 단수와 복수의 어미 : -ae / -arum
④ 1변화 명사의 대격 단수와 복수의 어미 : -am / -as
※ 1변화 명사의 속격 단수 어미와 주격 복수 어미의 형태는 동일함.

Vocabulary 01

- agricola   *m.* 농부
- aqua   *f.* 물
- causa   *f.* 원인
- domina   *f.* 여(女)주인
- filia   *f.* 딸
- fortuna   *f.* 행운, 운명
- terra   *f.* 땅, 토지
- fuga   *f.* 도망
- iniuria   *f.* 잘못, 상처, 부상
- luna   *f.* 달
- nauta   *m.* 선원, 어부
- puella   *f.* 소녀
- silva   *f.* 숲

※ agricola와 nauta는 형태상으로는 여성형이지만, 의미상 남성이다. 변화는 여성형을 따른다.

02   1변화 명사의 복수형/단수형 만들기 및 의미 확인하기

① Silva, silvas, silvam.
② Fugam, fugae, fuga.
③ Terrarum, terrae, terras.
④ Aquas, causam, lunas.
⑤ Filiae, fortunae, lunae.
⑥ Iniurias, agricolarum, aquarum.
⑦ Iniuriarum, agricolae, puellas.
⑧ Nautam, agricolas, nautas.
⑨ Agricolam, puellam, silvarum.

02번의 해답 및 02번의 반대(복수 또는 단수) 형태 쓰기, 복수 또는 단수형으로 쓰기

1. 숲이, 숲들을, 숲을.
   반대 형태 : silvae / silvam / silvas
2. 도망을, 도망들은, 도망이.
   반대 형태 : fugas / fuga / fugae
3. 땅들의, 땅들이, 땅들을.
   반대 형태 : terrae / terra / terram
4. 물들을, 이유를, 달들을.
   반대 형태 : aquam / causas / lunam
5. 딸들이, 행운들이, 달들이.
   반대 형태 : filia / fortuna / luna
6. 모욕들을, 농부들이, 물들의.
   반대 형태 : iniuriam / agricolae / aquae
7. 모욕들의, 농부들이, 소녀들을.
   반대 형태 : iniuriae / agricola / puellam
8. 어부를, 농부들을, 어부들을.
   반대 형태 : nautas / agricolam / nautam
9. 농부를, 소녀를, 숲들의.
   반대 형태 : agricolas / puellas / silvae

03 5가지 명사 종류의 주격 단·복수 형태

① 1변화 명사
   Rosa 장미(는)   →   Rosae 장미들(은)

② 2변화 명사 남성
   Equus 말(은)   →   Equi 말들(은)

   2변화 명사 중성
   Datum 자료(는)   →   Data 자료들(은)

③ 3변화 명사
   Veritas 진리(는)   →   Veritates 진리들(은)

   ※ 3변화 명사의 경우, 주격 단수형이 일정하지 않음.

④ 4변화 명사
   Fructus 과일(은)   →   Fructus 과일들(은)

⑤ 5변화 명사
   Dies 날[日](은)   →   Dies 날[日]들(은)

02 연습 문제

문제 I 다음을 한국어로 번역하시오.

1. Diana est dea.
   _____

2. Latona est dea
   _____

3. Diana et Latona sunt deae.
   _____

4. Diana est dea lunae.
   _____

5. Diana est filia Latonae.
   _____

6. Latona Dianam amat.
   _____

7. Diana est dea silvarum.
_____

8. Diana silvam amat.
_____

9. Diana sagittas portat.
_____

10. Diana feras silvae necat.
_____

11. Ferae terrarum pugnant.
_____

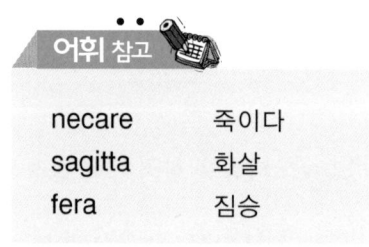

necare	죽이다
sagitta	화살
fera	짐승

03 남성, 여성, 중성

– 전치사

01 명사의 성(性)

(1) 1변화 명사의 성은 일반적으로는 여성인 경우가 많고, 그 변화형은 앞에 나온 「domina」형태의 변화와 일치한다. 하지만, 모두 그러한 것이 아니라는 것을 알아두어야 한다.

문법적으로는 1변화의 형태 변화를 따르지만, 의미상으로는 남성을 띄는 명사도 다음과 같이 존재한다.

※ 의미상 성에 따라 명사를 수식하는 형용사는 남성형태를 띄고 있어야 한다.

   Nauta (선원) → Nautae boni (착한 선원들)
   Agricola (농부) → Agricolae mali (나쁜 농부들)
   Poeta (시인) → Poetae liberi (자유로운 시인들)

(2) 2변화 명사의 성은 남성과 중성 두 가지가 있다. 어미가 -us의 경우는 남성이며, 어미가 -um인 경우는 중성이다. 단, 남성 단수의 경우는 어미가 -er로 끝나는 경우도 있다.

   Sonus 소리(는) → Soni 소리들(은)
   Puer 소년(은) → Pueri 소년들(은)
   Ager 밭(은) → Agri 밭들(은)
   Donum 선물(은) → Dona 선물들(은)

(3) 3변화 명사의 성은 남성, 여성, 중성이 모두 존재한다. 주격 단수의 형태는 일정하지 않고 속격단수의 형태 어미에 맞춰서 변화형을 만들고 주격복수 형태는 일정하다.

    남성: Rex 왕(은)/ Regis(왕의) → Reges 왕들(은)
    여성: Mater 어머니(는)/ Matris(어머니의) → Matres 어머니들(은)
    중성: Nomen 이름(은) / Nominis(이름의) → Nomina 이름들(은)

(4) 4변화 명사의 성은 남성, 여성, 중성이 모두 존재한다. 4변화 명사 자체가 많지 않고 그 형태가 2변화명사와 유사하다는 것에 주의해야 한다.

    남성: Fructus 과일(은) → Fructus 과일들(은)
    여성: Manus 손(은) → Manus 손들(은)
    중성: Genu 무릎(은) → Genua 무릎들(은)

(5) 5변화 명사의 성은 남성과 여성이 존재하며, 그 변화는 4변화보다 숫자가 적다. 단복수 주격의 형태가 동일함으로 해석할 경우에 주의해야 한다.

    남성: Dies 날[日](은) → Dies 날[日]들(은)
    여성: Res 물건(은) → Res 물건들(은)

02 전치사

라틴어 전치사는 그 뒤에 영어와 마찬가지로 명사가 놓이는 데, 영어에서처럼 목적어형태만 오는 것이 아니다. 라틴어 전치사는 뒤에 탈격 또는 대격이 오는데, 그 형태는 전치사 종류에 따라 정해진다.

(1) 탈격을 동반하는 전치사
    ① a 또는 ab   ~의하여, ~로부터, ~로부터 떨어지는
    Puella a casa venit.
    소녀가 집으로부터 나온다.

② e 또는 ex   ~로부터, ~로부터 떨어지는
　　Legatus ex equo cadit.
　　장수는 말에서 떨어진다.

③ cum   ~와 함께
　　Summa cum laude
　　최고의 칭찬을 가지고(최우등 졸업)

④ pro   ~ 앞에, ~대신해서
　　Copia Romanorum pro castris est.
　　수많은 로마인들이 진지 앞에 있다.

⑤ de   ~의, ~로부터, ~로부터 떨어지는
　　Domina de rostris descendit.
　　여주인이 연단에서 내려온다.

⑥ sine   ~없이
　　Legionarii sine mora properant.
　　군인들은 지체 없이 진격한다.

⑦ in   ~에서(장소)
　　Servi in agro sunt.
　　하인들은 밭에 있다.

(2) 대격을 동반하는 전치사
　　① ad   ~로
　　　　Romani ad silvam eunt.
　　　　로마인들은 숲으로 간다.

　　② apud   ~사이에서
　　　　Quis est filius agricolae apud alumnos?
　　　　학생들 중에 누가 농부의 아들인가?

③ per   ~를 통해
Amicus per viam ambulat.
친구는 (그)길을 통해서 걷는다.

④ in   ~로, ~로 들어가는
Romani in hostium urbem eunt.
로마인들은 적들의 도시로 간다.

03 연습 문제

문제 I 다음을 사전 또는 어휘집을 참조하여 한국어로 번역하시오.

1. Agricola cum filia in casa habitat.

2. Bona filia agricolae cenam parat.

3. Cena est grata agricolae et agricola bonam filiam laudat.

4. Deinde filia agricolae gallinas ad cenam vocat.

5. Gallinae filiam agricolae amant.

6. Malae filiae bonas cenas non parant.

7. Filia agricolae est grata dominae.
   _____

8. Domina in insula magna habitat.
   _____

9. Domina bonae puellae parvae pecuniam dat.
   _____

문제 **II** 다음 괄호 안의 적절한 어휘를 고르고, 번역하시오.

1. Romani per (via / viam) ambulant.
2. Ancilla in (agrum / agro) est.
3. Legatus ex (equum / equo) in (terra / terram) cadit.
4. (In / Cum) Silva, puer (in / ex) equo cadit et (ab / in) terra iacet.
5. Mulus (e / per) silvam (in / ad) monasterium ambulat.

어휘 참고

habitare	살다, 거주하다	pecunia	돈
parare	준비하다	via	길
vocare	호출하다, 부르다	ager	밭, 들판
cena	저녁식사	cadere	떨어지다
gratus	기분좋은	iacere	눕다
insula	섬	monaterium	사원

04 속격

— 의문문

01 속격

영어 문장의 '소유격'을 의미하며, 주격과 마찬가지로 단·복수 형태를 구분한다. 수식하는 명사의 앞이나 뒤에 오는 것에 제약은 없지만, 일반적으로 수식하는 명사의 뒤에 오는 경우가 많다. 형용사와는 달리 수식하는 명사에 따라 어미 형태를 변형시키지는 않는다.

> Filia agricolae nautam amat.
> 농부의 딸은 선원을 사랑한다.
> Filiae agricolarum nautam amant.
> 농부들의 딸들이 선원을 사랑한다.

※ 소유형용사

소유격의 의미는 가지고 있지만, 형용사임으로 수식하는 명사의 성과 격에 따라 형태가 변화한다.

> Filia mea agricolam amat. 나의 딸이 농부를 사랑한다.
> Filae meae agricolam amat. 나의 딸들이 농부를 사랑한다.

02 의문문

라틴어에서 의문문 구조는 4가지가 존재한다.

(1) 일반 동사+ne
- 일반 동사 뒤에 붙여서 사용함으로 동사 형태를 혼동해서는 안 됨.

    Estne domina in insula?
    여주인은 섬에 있나요?

    Amatne filius puellam pulchram?
    아들이 예쁜 소녀를 좋아하나요?

(2) 의문사
  ① Quis : 의문대명사도 격변화를 한다.
    - 주격 : Quis
        Quis nautis pecuniam dat?
        누가 선원들에게 돈을 주는 가?
    - 속격 : Cuius
        Cuius victoriam Galba nuntiat?
        갈바는 누구의 승리를 말하는 가?
    - 여격 : Cui
        Cui domina fabulam narrat?
        여주인은 누구에게 이야기를 하는 가?
    - 대격 : Quem
        Quem filia amat?
        딸은 누구를 사랑하는 가?
    - 탈격 : Quo
        Quocum filius legati est?
        누구와 장군의 아들이 있는 가?
        ※ '인칭 대명사'의 경우
          'cum+탈격명사'의 형태와 조금 다르게 변형된다.
          예 mecum 나와 함께
              tecum 너와 함께

  ② Ubi : 의문부사로 격변화를 하지 않는다.
        Ubi puellae habitant?
        소녀들은 어디에 사는 가?

③ Cur : 의문부사로 격변화를 하지 않는다.
　　　　Cur Diana sagittas portat?
　　　왜 디아나는 화살들을 운반하는 가?

④ Quando : 의문부사로 격변화를 하지 않는다.
　　　　　Quando legatus it?
　　　　장군은 언제 갑니까?

⑤ Quid : 의문대명사로 격변화를 한다.
　- 주격 : Quid
　　　　Quid est id? 그것은 무엇입니까?
　- 속격 : Cuius
　　　　Cuius cenam ancilla portat?
　　　　가정부는 어느 동물의 저녁 음식을 운반하니?
　　　　※ Cuius를 사람으로 번역할 때,
　　　　　'가정부는 누구의 저녁식사를 운반하니?'
　- 여격 : Cui
　　　　Cui servi frumentum dant?
　　　　하인들은 무엇에게 먹이를 주니?
　　　　※ Cui를 사람으로 번역할 때,
　　　　　'하인들은 누구에게 음식을 주니?'
　- 대격 : Quid
　　　　Quid mulus portat?
　　　　노새는 무엇을 운반하는 가?
　- 탈격 : Quo
　　　　De quo puer cadit?
　　　　소년은 무엇으로부터 떨어지니?

⑥ 의문 형용사 : 관계사 형태 + 수식 명사
- 관계사 형태 뒤에 명사를 수식하는 형태가 의문형용사로 '어떤~, 무슨~' 라는 의미를 가지게 된다.

Qui vir eos ducit?
어떤 남자가 그들을 이끄는가?
Quae provinciae a Romanis occupatae sunt?
어떤 지역들이 로마인들에 의해서 점령 되었는가?

라틴어 격변화				
격변화 명칭	Qui(남성)	Quae(여성)	Quod(중성)	
Nominative	qui	quae	quod	단수
Genitive	cuius	cuius	cuius	
Dative	cui	cui	cui	
Accusative	quem	quam	quod	
Ablative	quo	qua	quo	
Nominative	qui	quae	quae	복수
Genitive	quorum	quarum	quorum	
Dative	quibus	quibus	quibus	
Accusative	quos	quas	quae	
Ablative	quibus	quibus	quibus	

(3) Non + ne
- 부정의문문이지만, 긍정적 답을 요구할 때 사용하는 방법.

Nonne legatus in castra est?
장군은 진영에 없나요?
Nonne amat domina poetam?
여주인이 시인을 사랑하지 않나요?

(4) Num
  - 부정의문문으로, 부정적 답을 요구할 때 사용하는 방법.
    Num Latona est dea terrae?
    라토나는 대지의 여신이 아니죠?
    Num nuntiat nauta fabulam belli?
    뱃사람이 전쟁 이야기한 것이 아니죠?

04 연습 문제

문제 I 다음을 한국어로 번역하시오.

1. Quis cum agricola in casa habitat?

2. Quid bona filia agricolae parat?

3. Quem agricola laudat?

4. Vocatne filia agricolae gallinas ad cenam?

5. Cuius filia est grata dominae?

6. Cui domina pecuniam dat?

7. Ubi filiae Sexti habitant?

8. Cur non servus Sexti equum domini curat?
   _____

9. Estne filius tuus copiarum Romanarum legatus?
   _____

10. Quae tela portat?
    _____

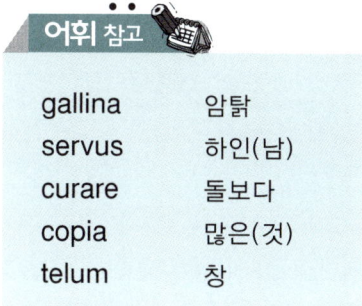

gallina	암탉
servus	하인(남)
curare	돌보다
copia	많은(것)
telum	창

05 명사의 격

- 호격
- 형용사

01 호격

호격의 경우는 2변화 명사의 -us 형태를 -e형태로 바꾸어 주면, 그 형태가 완성이 되며, -ius의 형태 명사가 있는 경우는 -i(i)형태로 바꾸어 주면 된다. 이외의 형태는 주격 단수 형태를 그대로 호격으로 사용한다.

예) Marcus(마르쿠스는) → Marce(마르쿠스야)
Sextus(섹스투스는) → Sexte(섹스투스야)
Maria(마리아는) → Maria(마리아야)
Dominus(주인은) → Domine(주인이시여)
Filius(아들은) → Fili(아들아)

02 형용사

(1) 1변화 형용사

앞 단원에서 1변화 명사를 공부했었는데, 형용사의 경우 명사와 그 형태를 동일하게 맞추어 수식을 함으로 1변화 명사와 동일하게 변화를 한다는 것을 명심해야 한다.
형용사의 경우는 명사와는 다르게 한 가지 성(Gender)으로 고정되어 있지 않으며, 명사가 남성, 여성, 중성으로 고정되어 있는 성에 따라 그 형태를 맞춰서 변형하게 된다.

예 bonus/ bona / bonum　　　(좋은, 예쁜, 아름다운)
　　Equus bonus　　　　　　좋은 말
　　Rosa bona　　　　　　　　예쁜 장미
　　Donum bonum　　　　　　좋은 선물

형용사의 변화는 명사가 격에 따라 변화할 때, 그 변화에 맞춰 같은 형태로 변형을 하게 된다. 그 형태는 다음과 같다.

명사	형용사	
Domina(부인, 여사)	Bona(멋진, 좋은)	
단수형		〈어미형태〉
주격. domina	bona	-a
속격. dominae	bonae	-ae
여격. dominae	bonae	-ae
대격. dominam	bonam	-am
탈격. domina	bona	-a
복수형		
주격. dominae	bonae	-ae
속격. dominarum	bonarum	-arum
여격. dominis	bonis	-is
대격. dominas	bonas	-as
탈격. dominis	bonis	-is

위와 같은 형태를 가지는 예를 보면 다음과 같다.

예 Puella mala　　　못된 여자아이
　　Ancilla parva　　(덩치가) 작은 여종
　　Fortuna magna　　굉장한 행운

(2) 1, 2변화 형용사

- 형용사의 경우는 일반적으로 남성, 여성, 중성의 형태를 모두 지니고 있다. 수식하고자 하는 명사의 형태에 맞춰 그 변화를 동일하게 해야 함으로 항상 남성, 여성, 중성으로 모두 형태를 가지고 있다.

    예 filia bona 착한 딸이
    filius bonus 착한 아들이
    donum bonum 좋은 선물은(을)

- 형용사도 명사와 동일한 형태로 변화를 한다.
  표를 통해 'bonus(좋은)'의 예를 보자.

라틴어 격변화				
격변화 명칭	남성명사(2변화)	여성명사(1변화)	중성명사(2변화)	
Nominative	bonus	bona	bonum	단수
Genitive	boni	bonae	boni	
Dative	bono	bonae	bono	
Accusative	bonum	bonam	bonum	
Ablative	bono	bona	bono	
Vocative	bone	bona	bonum	
Nominative	boni	bonae	bona	복수
Genitive	bonorum	bonarum	bonorum	
Dative	bonis	bonis	bonis	
Accusative	bonos	bonas	bona	
Ablative	bonis	bonis	bonis	

- 유사 어휘의 예를 보고, 변화를 해보도록 하자.
  ① gratus / ~a / ~um(즐거운)
  ② malus / ~a / ~um(나쁜)
  ③ altus / ~a / ~um(높은)
  ④ parvus / ~a / ~um(작은)

- 의미상 남성이지만, 여성의 형태를 띄고 있는 어휘들을 간혹 볼 수 있다. 그 어휘는 어떤 형용사를 이용해 수식하는가? '의미에 맞춰 수식을 함'

  예) nauta bonus 착한 선원이

라틴어 격변화		
격변화 명칭	명사변화	
Nominative	nauta bonus	단수
Genitive	nautae boni	
Dative	nautae bono	
Accusative	nautam bonum	
Ablative	nauta bono	
Nominative	nauta bone	복수
Genitive	nautae boni	
Dative	nautarum bonorum	
Accusative	nautas bonos	
Ablative	nautae boni	

05 연습 문제

문제 I 다음을 한국어로 번역하시오.

Galba : Quis, Marce, est legatus cum pilo et tuba?
_____

Marcus : Legatus, Galba, est Sextus.
_____

Galba : Ubi Sextus habitat?
_____

Marcus : In oppido Sextus cum filiabus habitat.

Galba : Amantne oppidani Sextum?

Marcus : Amant oppidani Sextum et laudant, quod magna cum constantia pugnat.

Galba : Ubi, Marce, est ancilla tua? Cur non cenam parat?

Marcus : Ancilla mea, Galba, equo legati aquam et frumentum dat.

Galba : Cur non servus Sexti equum domini curat?

Marcus : Sextus et servus ad murum oppidi properant. Oppidani bellum parant.

문제 II 다음을 한국어로 번역하시오.

1. Est in vico nauta bonus.

2. Sextus est amicus nautae boni.

3. Sextus nautae bono galeam dat.

4. Populus Romanus nautam bonum laudat.
   _____

5. Sextus cum nauta bono praedam portat.
   _____

6. Ubi, nauta bone, sunt arma et tela legati Romani?
   _____

7. Nautae boni ad bellum properant.
   _____

8. Fama nautarum bonorum est clara.
   _____

9. Pugnae sunt gratae nautis bonis.
   _____

10. Oppidani nautas bonos curant.
    _____

11. Cur, nautae boni, mali agricolae ad Rhenum properant?
    _____

12. Mali agricolae cum bonis nautis pugnant.
    _____

어휘 참고

pilum	창	oppidum	도시
tuba	나팔	bellum	전쟁
oppidanus	도시인	galea	투구
constantia	지속(성)	praeda	전리품
frumentum	곡식, 식량	clarus	밝은, 예쁜

06 조동사

- 동사원형
- 여격

01 조동사

라틴어의 조동사는 대표적으로 아래의 세 어휘가 있는데, 영어와 마찬가지로 조동사 뒤에 동사는 동사원형으로 쓸 수 있다. 단, 라틴어는 어순이 자유로움으로 동사 원형어휘가 조동사 앞으로도 놓여질 수 있다.

- Potest   ~할 수 있다.
- Debet   ~해야 한다.
- Vult   ~하고 싶다.

Nautae cantare non possunt.
뱃사람들은 노래를 할 수 없다.

Agricolae in agro laborare debent.
농부들은 밭에서 일을 해야한다.

Alumni in ludo studere volunt.
학생들은 학교에서 공부를 하고 싶어 한다.

(1) Potest 동사 변화

	단수	복수
1인칭	possum	possumus
2인칭	potes	potestis
3인칭	potest	possunt

※ 어미는 sum동사와 결합된 형태임.

(2) Debet 동사 변화

	단수	복수
1인칭	debeo	debemus
2인칭	debes	debetis
3인칭	debet	debent

(3) Vult 동사 변화

	단수	복수
1인칭	volo	volumus
2인칭	vis	vultis
3인칭	vult	volunt

02 여격

(1) 1변화 명사의 여격

문장의 '간접 목적어'를 의미하며, 주격과 마찬가지로 단·복수 형태를 구분한다. 간접목적어의 역할인 '~에게'로 해석되는 것이 일반적이지만, sum동사와 함께 올 때는 '에게 있어서는'으로 해석되기도 하며, 이태동사(deponent verb)와 함께 올 경우에는 직접목적어의 역할인 '~을/를'로 해석되기도 한다.

　　　Sanchus dominae rosam dat. 산쿠스가 여주인에게 장미를 준다.

※ 1변화 명사의 여격 단수 어미는 '-ae'이며, 이 형태는 속격 단수, 주격 복수의 형태와 동일함으로 문맥으로 판단을 해야 한다.

> **예** fuga(주격) 도망 → fugae(속격·여격 단수/주격 복수)
> causa(주격) 원인 → causae(속격·여격 단수/주격 복수)
> fortuna(주격) 운 → fortunae(속격·여격 단수/주격 복수)
> terra(주격) 도시 → terrae(속격·여격 단수/주격 복수)

(2) 2, 3, 4, 5변화 명사의 여격 형태

① 2변화 명사의 여격
　　Saccus(주격) 가방 → Sacco(여격 단수)
　　　　　　　　　　　　Saccis(여격 복수)

　　Datum(주격) 자료 → Dato(여격 단수)
　　　　　　　　　　　　Datis(여격복수)

② 3변화 명사의 여격
　　Veritas(주격) 진리 → Veritati(여격 단수)
　　　　　　　　　　　　　Veritatibus(여격 복수)

③ 4변화 명사의 여격
　　Manus(주격) 손 → Manui(여격 단수)
　　　　　　　　　　→ Manibus(여격 복수)

④ 5변화 명사의 여격
　　Dies(주격) 날(日) → Diei(여격 단수)
　　　　　　　　　　　　Diebus(여격 복수)

03 여격을 직접목적어로 사용하는 동사

Credo, Credere	믿다
Faveo, Favere	호의를 베풀다
Noceo, Nocere	상처를 주다
Pareo, Parere	복종하다
Persuadeo, Persudere	설득하다
Resisto, Resistere	저항하다
Studeo, Studere	열정을 보이다

04 여격과 함께 오는 형용사

형용사를 수식하는 명사가 언제나 여격이어야 하는 경우의 특별한 경우가 있다. 이 형용사의 경우는 목적어를 가지는 동사처럼 사용되는 술어 부분이라 기억해야 한다.

Puellae sunt gratae dominis suis.
여자 아이들은 그들의 여주인들에게 기쁨이 된다.

※ 여격과 함께오는 형용사

idoneus 이상적인, 알맞은
amicus 친근한
inimicus 적대적인
gratus 기쁜
molestus 화나게 하는
finitimus 인접한
proximus 옆에, 가장 가까운

◉ 단문 독해

Germania, patria Germanorum, est clara terra. In Germania sunt fluvii multi. Rhenus magnus et latus fluvius Germaniae est. In silvis latis Germaniae sunt ferae multae. Multi Germani in oppidis magnis et in vicis parvis habitant et multi sunt agricolae boni. Bella Germanorum sunt magna et clara. Populus Germaniae bellum et proelia amat et saepe cum finitimis pugnat. Fluvius Rhenus est finitimus oppidis multis et claris.

해석 : 독일인들의 조국인 독일(제르마니아)는 아름다운 영토이다. 독일에는 많은 강들이 있다. 라인강은 크고, 폭이 넓은 독일의 강이다. 독일의 넓은 숲들에는 많은 짐승들이 있다. 커다란 도시와 작은 마을에 많은 독일인들이 살고 있고, 많은 사람들이 착한 농부들이다. 독일인들의 전쟁들은 규모가 크고 멋지다. 독일인은 전쟁과 전투를 좋아하며, 때때로 인접한 국가들과 싸운다. 라인강은 많고 아름다운 도시들과 인접해 있다.

fluvius	강
latus	(폭)넓은
vicus	마을
proelium	싸움, 전쟁
saepe	때때로
finifimus	인접한

06 연습 문제

문제 I 다음을 한국어로 번역하시오.

1. Romani terram idoneam agri culturae habent.

2. Galli copiis Romanis inimici erant.

3. Cui dea Latona amica non erat?

4. Dea Latona superbae reginae amica non erat.

5. Cibus noster, Marce, erit armatis viris gratus.

6. Quid erat molestum populis Italiae?

7. Bella longa cum Gallis erant molesta populis Italiae.

8. Agri Germanorum fluvio Rheno finitimi erant.

9. Romani ad silvam oppido proximam castra movebant.

문제 II 다음을 한국어로 번역하시오.

1. Credisne verbis sociorum? Multi verbis eorum non credunt.

2. Mei finitimi consilio tuo non favebunt, quod bello student.

   _____

3. Tiberius et Gaius disciplinae durae non resistebant et Corneliae parebant.

   _____

4. Dea erat inimica septem filiabus reginae.

   _____

5. Dura poena et perpetua tristitia reginae non persuadebunt.

   _____

6. Nuper ea resistebat et nunc resistit potentiae Latonae.

   _____

7. Mox sagittae volabunt et liberis miseris nocebunt.

   _____

어휘 참고

superbus	거만한	disciplina	훈육
regina	여왕, 왕비	parere	따르다, 복종하다
cibus	식량		
vir	남자	poena	벌
armatus	무장한	tristitia	슬픔
castrum	진영, 요새	nuper	최근에
credere	믿다	nunc	지금
verbum	어휘, 말	potentia	힘, 능력
socius	회원, 동료	mox	곧
consilium	충고	nocere	해를 입히다

07 명사의 형태 I

- 1변화 명사
- 2변화 명사
- 3변화 명사

01 1변화 명사

1변화 명사의 격변화. 격변화란 문장성분을 의미하는데, 문장성분마다 그 각각의 형태를 지니고 있다.

라틴어 격변화		한국어		
격변화 명칭	명사변화	문장성분 명칭	명사의 변화	
Nominative	domina	주격(주어)	여주인은	단수
Genitive	dominae	속격(소유격)	여주인의	
Dative	dominae	여격(간접목적어)	여주인에게	
Accusative	dominam	대격(직접목적어)	여주인을	
Ablative	domina	탈격(전치사 목적어)	여주인으로부터	
Nominative	dominae	주격(주어)	여주인들은	복수
Genitive	dominarum	속격(소유격)	여주인들의	
Dative	dominis	여격(간접목적어)	여주인들에게	
Accusative	dominas	대격(직접목적어)	여주인들을	
Ablative	dominis	탈격(전치사 목적어)	여주인들로부터	

02 2변화 명사

2변화 명사의 일반적인 주격 단수 어미형은 -us(남성)와 -um(중성)이지만, 이외에도 어미형태가 -er, -ir인 경우도 볼 수 있다.
-us(남성)와 -um(중성)의 변화 형태를 다음의 표로 보도록 하겠다.

라틴어 격변화		한국어		
격변화 명칭	명사변화	문장성분 명칭	명사의 변화	
Nominative	dominus (-us)	주격(주어)	주인은	단수
Genitive	domini (-i)	속격(소유격)	주인의	
Dative	domino (-o)	여격(간접목적어)	주인에게	
Accusative	dominum (-um)	대격(직접목적어)	주인을	
Ablative	domino (-o)	탈격(전치사 목적어)	주인으로부터	
Nominative	domini (-i)	주격(주어)	주인들은	복수
Genitive	dominorum (-orum)	속격(소유격)	주인들의	
Dative	dominis (-is)	여격(간접목적어)	주인들에게	
Accusative	dominos (-os)	대격(직접목적어)	주인들을	
Ablative	dominis (-is)	탈격(전치사 목적어)	주인들로부터	

라틴어 격변화		한국어		
격변화 명칭	명사변화	문장성분 명칭	명사의 변화	
Nominative	pilum (-um)	주격(주어)	창은	단수
Genitive	pili (-i)	속격(소유격)	창의	
Dative	pilo (-o)	여격(간접목적어)	창에게	
Accusative	pilum (-um)	대격(직접목적어)	창을	
Ablative	pilo (-o)	탈격(전치사 목적어)	창으로부터	
Nominative	pila (-a)	주격(주어)	창들은	복수
Genitive	pilorum (-orum)	속격(소유격)	창들의	
Dative	pilis (-is)	여격(간접목적어)	창들에게	
Accusative	pila (-a)	대격(직접목적어)	창들을	
Ablative	pilis (-is)	탈격(전치사 목적어)	창들로부터	

03 3변화 명사

라틴어 격변화		한국어		
격변화 명칭	명사변화	문장성분 명칭	명사의 변화	
Nominative	veritas	주격(주어)	진리는	단수
Genitive	veritatis	속격(소유격)	진리의	
Dative	veritati	여격(간접목적어)	진리에게	
Accusative	veritatem	대격(직접목적어)	진리를	
Ablative	veritate	탈격(전치사 목적어)	진리로부터	
Nominative	veritates	주격(주어)	진리들은	복수
Genitive	veritatum	속격(소유격)	진리들의	
Dative	veritatibus	여격(간접목적어)	진리들에게	
Accusative	veritates	대격(직접목적어)	진리들을	
Ablative	veritatibus	탈격(전치사 목적어)	진리들로부터	

※ 3변화명사의 주격단수의 형태는 예측하기 어렵다. 속격 단수의 어미에 맞춰 변화형을 만드는 것에 주의한다.

● 단문 독해

Magna est Italiae fama, patriae Romanorum, et clara est Roma, domina orbis terrarum. Tiberim, fluvium Romanum, quis non laudat et pulchros fluvio finitimos agros? Altos muros, longa et dura bella, claras victorias quis non laudat? Pulchra est terra Italia. Agri boni agricolis praemia dant magna, et equi agricolarum copiam frumenti ad oppida et vicos portant. In agris populi Romani laborant multi servi. Viae Italiae sunt longae et latae. Finitima Italiae est insula Sicilia.

해석 : 로마인들의 조국인 이탈리아의 명성은 크다. 그리고 세계의 주인인 로마는 아름답다. 로마의 강인 티브리스 강을 누가 칭찬하지 않으며, 강과 인접하고 있는 아

름다운 밭들을 누가 칭찬하지 않겠는가? 높은 성벽들, 길고 혹독한 전쟁, 멋진 승리들을 누가 칭찬하지 않겠는가? 이탈리아 영토는 아름답다. 밭들은 착한 농부들에게 큰 상을 주는 것이다. 그리고 농부들의 말은 많은 곡식을 지니고, 여러 도시와 마을로 운반한다. 로마 사람들의 밭에서는 많은 노예들이 일을 한다. 이탈리아의 길은 길고, 넓다. 시칠리아는 이탈리아와 접하고 있는 섬이다.

어휘 참고

fama	명성
orbis	구, 원형
murus	성벽
praemium	선물
populus	사람(들)

07 연습 문제

문제 다음을 한국어로 번역하시오.

1. Patria servi boni, vicus servorum bonorum, bone pupule.

   _____

2. Populus oppidi magni, in oppido magno, in oppidis magnis.

   _____

3. Cum pilis longis, ad pila longa, ad muros latos.
   _____

4. Legate male, amici legati mali, cena grata domino bono.
   _____

5. Frumentum equorum parvorum, domine bone, ad legatos claros.
   _____

6. Rhenus est in Germania, patria mea.
   _____

7. Sextus legatus pilum longum portat.
   _____

8. Oppidani boni Sexto legato claro pecuniam dant.
   _____

9. Mali servi equum bonum Marci domini necant.
   _____

10. Galba agricola et Iulia filia bona laborant.
    _____

11. Marcus nauta in insula Sicilia habitat.
    _____

문제 II 다음 대화를 한국어로 번역하시오.

⟨Marcus et Cornelius⟩
_____

C : Ubi est, Marce, filius tuus? Estne in pulchra terra Italia?
_____

M : Non est, Corneli, in Italia. Ad fluvium Rhenum properat cum copiis Romanis quia est fama novi belli cum Germanis. Liber Germaniae populus Romanos non amat.

_____
_____
_____

C : Estne filius tuus copiarum Romanarum legatus?

_____

M : Legatus non est, sed est apud legionarios.

_____

C : Quae arma portat?

_____

M : Scutum magnum et loricam duram et galeam pulchram portat.

_____

C : Quae tela portat?

_____

M : Gladium et pilum longum portat.

_____

C : Amatne legatus filium tuum?

_____

M : Amat, et saepe filio meo praemia pulchra et praedam multam dat.

_____

C : Ubi est terra Germanorum?

_____

M : Terra Germanorum, Corneli, est finitima Rheno, fluvio magno et alto.

어휘 참고

quia	왜냐하면
liber	자유의
legionarius	병사, 군인
apud	~중에
Gladium	검, 칼
dare	주다

08 동사의 형태 I

- 1변화 동사 현재와 미래
- 2변화 동사 현재와 미래
- Sum 동사 현재와 미래
- 미래완료 소개

01 1, 2변화 동사의 현재

동사의 변화는 4개의 규칙동사 변화가 존재한다. 동사원형의 어미가 제 1변화의 경우는 -āre, 2변화의 경우는 -ēre, 3변화의 경우는 -ere, 4변화의 경우는 -īre의 형태를 가진다.

1변화	amāre(사랑하다)	1인칭 단수형태: amo
2변화	monēre(충고하다)	1인칭 단수형태: moneo
3변화	regere(통치하다)	1인칭 단수형태: rego
4변화	audīre(듣다)	1인칭 단수형태: audio

※ <u>사전에서 동사의 의미를 찾을 때는 반드시 '1인칭 단수형태'로 찾아야 함.</u>

이번 파트에서는 1변화와 2변화 동사의 현재형 변화를 살펴본다.

- 라틴어의 현재형은 현재진행으로도 해석된다. 즉, 현재진행형의 특별한 형태는 존재하지 않는다.

Amo(나는 사랑한다, amāre)동사의 현재

	단수	복수
1인칭	amo	amamus
2인칭	amas	amatis
3인칭	amat	amant

Moneo(나는 충고한다, monēre)동사의 현재

	단수	복수
1인칭	moneo	monemus
2인칭	mones	monetis
3인칭	monet	monent

1변화, 2변화 동사의 예제

※ 동사의 변화를 직접 연습해 본다.

aro(경작하다, arare) →
curo(돌보다, curare) →
deleo(파괴하다, delere) →
desidero(기대하다, desiderare) →
do(주다, dare) →
habeo(가지다, habere) →
habito(거주하다, habitare) →
iubeo(명령하다, iubere) →
laboro(일하다, laborare) →
laudo(칭찬하다, laudare) →
maturo(서두르다, maturare) →
moveo(움직이다, movere) →
narro(말하다, narrare) →
neco(죽이다, necare) →

nuntio(말하다, nuntiare) →
paro(준비하다, parare) →
porto(운반하다, portare) →
propero(서둘러 가다, properare) →
pugno(싸우다, pugnare) →
video(보다, videre) →
voco(부르다, vocare) →

〈변화형〉

aro, aras, arat, aramus, aratis, arant.
curo, curas, curat, curamus, curatis, curant.
deleo, deles, delet, delemus, deletis, delent.
desidero, desideras, desiderat, desideramus, desideratis, desiderant
do, das, dat, damus, datis, dant.
habeo, habes, habet, habemus, habetis, habent.
habito, habitas, habitat, habitamus, habitatis, habitant.
iubeo, iubes, iubet, iubemus, iubetis, iubent.
laboro, laboras, laborat, laboramus, laboratis, laborant.
laudo, laudas, laudat, laudamus, laudatis, laudant.
maturo, maturas, maturat, maturamus, maturatis, maturant
moveo, moves, movet, movemus, movetis, movent.
narro, narras, narrat, narramus, narratis, narrant.
neco, necas, necat, necamus, necatis, necant.
nuntio, nuntias, nuntiat, nuntiamus, nuntiatis, nuntiant.
paro, paras, parat, paramus, paratis, parant.
porto, portas, portat, portamus, portatis, portant.
propero, properas, properat, properamus, properatis, properant.
pugno, pugnas, pugnat, pugnamus, pugnatis, pugnant.
video, vides, videt, videmus, videtis, vident.
voco, vocas, vocat, vocamus, vocatis, vocant.

02　1, 2변화 동사의 미래

이번 파트에서는 1변화와 2변화 동사의 미래형의 변화를 살펴본다.

Amabo(나는 사랑할 것이다, amāre)

	단수	복수
1인칭	amabo	amabimus
2인칭	amabis	amabitis
3인칭	amabit	amabunt

Monebo(나는 충고할 것이다, monēre)

	단수	복수
1인칭	monebo	monebimus
2인칭	monebis	monebitis
3인칭	monebit	monebunt

03　Sum 동사의 현재와 미래

　동사의 변화는 영어의 동사의 변화와는 다르게 1인칭, 2인칭, 3인칭 단수형태와 복수형태로 나타나며, 각각의 동사의 어미는 형태를 다르게 나타내고 있음으로 암기를 해야한다. 그 중에 영어의 be동사에 해당하는 Sum(원형 esse)동사는 완전히 전체 형태가 다름으로 유의를 해야 한다. 그 형태를 다음에서 볼 수 있다.

〈현재〉

	단수	복수
1인칭	sum	sumus
2인칭	es	estis
3인칭	est	sunt

〈미래〉

	단수	복수
1인칭	ero	erimus
2인칭	eris	eritis
3인칭	erit	erunt

04 미래완료 소개

미래완료는 미래의 어느 시점까지 행위가 종료되는 것으로 영어에서 「will have +p.p.」 의미를 나타낸다.

Amavero(나는 사랑할 것이다, amāre)

	단수	복수
1인칭	amavero	amaverimus
2인칭	amaveris	amaveritis
3인칭	amaverit	amaverint

Monuero(나는 충고할 것이다, monēre)

	단수	복수
1인칭	monuero	monuerimus
2인칭	monueris	monueritis
3인칭	monuerit	monuerint

◎ 독해연습

Niobe, regina Thebanorum, erat pulchra femina sed superba. Erat superba non solumm forma sua maritique potentia sed etiam magno liberorum numero. Nam habebat septem filios et septem filias. Sed ea superbia erat reginae causa magnae tristitiae et liberis causa durae poenae.

해석 : 테바노 인들의 여왕인 니오베는 아름다운 여성이었지만, 거만했다. 그녀는 그녀의 외모와 힘있는 남편뿐만 아니라 많은 숫자의 자식들을 가진 것으로 거만했다. 왜냐하면 그녀는 7명의 아들과 7명의 딸을 가지고 있었다. 하지만 그 거만함은 그 여왕에겐 커다란 슬픔의 원인이며, 아이들에게는 혹독한 형벌이 었다.

sed	그러나
non solum ~ sed etiam...	~뿐만 아니라 …도
nam	왜냐하면, 한편

08 연습 문제

문제 다음을 한국어로 번역하시오.

1. Vocamus, properatis, iubent.

   _____

2. Movetis, laudas, vides.

   _____

3. Deletis, habetis, dant.

4. Maturas, desiderat, videmus.

5. Iubet, movent, necat.

6. Narramus, moves, vident.

7. Laboratis, properant, portas, parant.

8. Delet, habetis, iubemus, das.

문제 **II** 다음을 한국어로 번역하시오.

1. Movebitis, laudabis, arabo.

2. Delebitis, vocabitis, dabunt.

3. Maturabis, desiderabit, videbimus.

4. Habebit, movebunt, necabit.

5. Narrabimus, monebis, videbunt.

6. Laborabitis, curabunt, dabis.
   _____

7. Habitabimus, properabitis, iubebunt, parabit.
   _____

8. Nuntiabo, portabimus, iubebo.
   _____

09 형용사 형태

- 1변화 형용사
- 2변화 형용사
- 3변화 형용사
- 동사상 형용사(Gerundive)

01 1, 2변화 형용사

- 앞 단원에서 공부했던 것처럼 형용사의 경우는 일반적으로 남성, 여성, 중성의 형태를 모두 지니고 있다. 수식하고자 하는 명사의 형태에 맞춰 그 변화를 동일하게 해야 한다.

  예) filia pulchra   예쁜 딸이
      filius pulcher   예쁜 아들이
      donum pulchrum   예쁜 선물이(을)

- 'pulcher' 형용사는 'bonus' 형용사처럼 발화하는데, 남성 단수 주격의 형태가 조금 다르다.

라틴어 격변화				
격변화 명칭	남성명사(2변화)	여성명사(1변화)	중성명사(2변화)	
Nominative	pulcher	pulchra	pulchrum	단수
Genitive	pulchri	pulchrae	pulchri	
Dative	pulchro	pulchrae	pulchro	
Accusative	pulchrum	pulchram	pulchrum	
Ablative	pulchro	pulchra	pulchro	
Vocative	pulcher	pulchra	pulchrum	
Nominative	pulchri	pulchrae	pulchra	복수
Genitive	pulchrorum	pulchrarum	pulchrorum	
Dative	pulchris	pulchris	pulchris	
Accusative	pulchros	pulchras	pulchra	
Ablative	pulchris	pulchris	pulchris	

- 유사 어휘의 예를 보고, 변화를 해보도록 하자.
  ① latus / ~a / ~um(넓은)
  ② magnus / ~a / ~um(큰)
  ③ carus / ~a / ~um(비싼)
  ④ clarus / ~a / ~um(밝은)

- 의미상 남성이지만, 여성의 형태를 띄고 있는 어휘들을 간혹 볼 수 있다. 그 어휘는 어떤 형용사를 이용해 수식하는가? '의미에 맞춰 수식을 함'

  예 nauta bonus   착한 선원이
      poeta malus   못된 시인이
      agricola altus   키 큰 농부가

02 3변화 형용사

3변화 형용사의 경우에 남성과 여성은 같은 형태로 변화하지만, 중성의 경우는 다른 변화형을 가진다.
표를 통해 'omnis(모든)'의 예를 보자.

라틴어 격변화				
격변화 명칭	남성명사	여성명사	중성명사	
Nominative	omnis	omnis	omne	단수
Genitive	omnis	omnis	omnis	
Dative	omni	omni	omni	
Accusative	omnem	omnem	omne	
Ablative	omni	omni	omni	
Nominative	omnes	omnes	omnia	복수
Genitive	omnium	omnium	omnium	
Dative	omnibus	omnibus	omnibus	
Accusative	omnes	omnes	omnia	
Ablative	omnibus	omnibus	omnibus	

03 9개의 특이 형용사

형용사는 명사의 형태와 똑같이 변하는 것을 기본으로 하는 어휘 인데, 9개의 특이한 아래의 형용사는 그 변화형이 속격(genitive)과 여격(dative)에서 그 형태가 일반 다른 형용사와 다르다.
남성, 여성, 중성과 상관없이 모든 상황에서 속격과 여격은 아래와 같이 똑같은 형태를 띠게 된다.

특이 형용사			
격	남성	여성	중성
속격(Genitive)	-ius	-ius	-ius
여격(Dative)	-i	-i	-i

※ 이외의 격변화는 규칙 형태(bonus, bona, bonum)의 것과 동일함.

• 9개의 어휘

1) alius, alia, aliud 다른 하나(another)
2) alter, altera, alterum 하나, 나머지 하나(the other)
3) unus, una, unum 한 개, 홀로(one, alone)
4) ullus, ulla, ullum 어떤(any)
5) nullus, nulla, nullum 아닌(none, no)
6) solus, sola, solum 홀로(alone)
7) totus, tota, totum 모든(all)
8) uter, utra, utrum 어떤 것(which)
9) neuter, neutra, neutrum 어떤 것도 아닌(neither)

▷ 변화형 보기

라틴어 형용사									
종류	nullus			alius			solus		
nominative	nullus	nulla	nullum	alius	alia	alium	solus	sola	solum
genitive	nullius	nullius	nullius	alius	alius	alius	solius	solius	solius
dative	nulli	nulli	nulli	ali	ali	ali	soli	soli	soli
accusative	nullum	nullam	nullum	alium	aliam	alium	solum	solam	solum
ablative	nullo	nulla	nullo	alio	alia	alio	solo	sola	solo

※ 복수의 경우는 규칙 형용사와 동일하게 형태를 변화시킴.

Alterum oppidum est magnum, alterum parvum.
한 도시는 크고, 다른 한 도시는 작다.

Aliud oppidum est validum, aliud infirmum.
한 도시는 굳건하고, 또 다른 도시는 약하다.

Alii gladios, alii scuta portant.
몇 개의 검들을 운반하고, 몇 개의 방패를 운반한다.

04 동사상 형용사 (Gerundive)

이 형용사는 일반 형용사와 마찬가지로 명사의 성과 수, 그리고 격에 따라 그 형태를 변형하는데, 그 의미에는 항상 '의무'에 해당하는 느낌을 담고 있다. 그리고 수동태의 의미를 담고 있는 것도 꼭 유념한다.

■ 동사상 형용사 어미 형태

격변화 명칭	라틴어 격변화			
	남성명사	여성명사	중성명사	
Nominative	-ndus	-nda	-ndum	단수
Genitive	-ndi	-ndae	-ndi	
Dative	-ndo	-ndae	-ndo	
Accusative	-ndum	-ndam	-ndum	
Ablative	-ndo	-nda	-ndo	
Nominative	-ndi	-ndae	-nda	복수
Genitive	-ndorum	-ndarum	-ndorum	
Dative	-ndis	-ndis	-ndis	
Accusative	-ndos	-ndas	-nda	
Ablative	-ndis	-ndis	-ndis	

Puella amanda est.   여자아이는 사랑받아야 한다.
Puer monendus est.   남자아이는 충고를 받아야 한다.
Ancilla laudanda est.   가정부는 칭찬을 받아야 한다.
Opus perficiendum est.   일은 끝나야 한다.

단문 독해

Romani, clarus Italiae populus, bellum parant. Ex agris suis, vicis, oppidisque magno studio viri validi ad arma properant. Iam cum legionariis ex Italia ad Rhenum, fluvium Germaniae altum et latum, properant, et servi equis et carris cibum frumentumque ad castra Romana portant. Inopia bonorum telorum infirmi sunt Germani, sed Romani armati galeis, loricis, scutis, gladiis, pilisque sunt validi.

해석 : 이탈리아의 유명한 사람들인 로마인들은 전쟁을 준비하고 있다. 그들의 논밭, 마을과 읍들의 밖에서 힘센 남자들은 엄청난 열정을 가지고 무기들을 향해 서둘러 가고 있다. 이미 군인들과 함께 장군들은 이탈리아에서부터, 깊고 넓은 독일의 라인 강까지 진격하고 있고, 그리고 노예들은 말들과 수레들로 식량과 곡식을 로마 진영까지 운반한다. 좋은 무기들의 부족으로 인해 독일인들은 약하지만, 그러나 투구들, 미늘 갑옷들, 방패들, 검들, 그리고 창들로 무장한 로마인들은 강하다.

lorica	갑옷
scutum	방패
validus	강한, 용감한
carrus	마차

09 연습 문제

문제 I 다음을 한국어로 번역하시오.

1. Frumentum bonae terrae, gladi mali, belli longi

2. Constantia magna, praesidia magna, clare Vergili

3. Male serve, O claum oppidum, male fili, filii mali, fili mali

4. Fluvi longi, fluvii longi, fluviorum longorum, fama praesidi magni

5. Cum gladiis parvis, cum deabus claris, ad nautas claros

6. Multorum proeliorum, praedae magnae, ad proelia dura

문제 II 다음을 한국어로 번역하시오.

1. In utra casa est Iulia? Iulia est in neutra casa.

2. Nulli malo puero praemium dat magister.

3. Alter puer est nauta, alter agricola.

4. Alii viri aquam, alii terram amant.

5. Galba unus cum studio laborat.

6. Estne ullus carrus in agro meo?

7. Lesbia est ancilla alterius domini, Tullia alterius.

8. Lesbia sola cenam parat.

9. Cena nullius alterius ancillae est bona.

10. Lesbia nulli alii viro cenam dat.

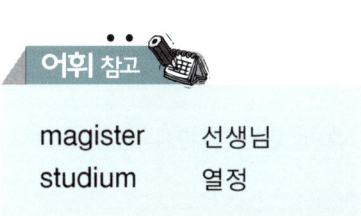

| magister | 선생님 |
| studium | 열정 |

10 동사의 형태 Ⅱ

- 3변화 동사 현재와 미래
- 4변화 동사 현재와 미래
- 불규칙 동사
- 미래완료 소개

01 3, 4변화 동사 현재

동사의 변화는 4개의 규칙동사 변화가 존재한다. 동사원형의 어미가 제 3변화의 경우는 -ere, 4변화의 경우는 -īre의 형태를 가진다.

  3변화   regere(통치하다)   1인칭 단수형태: rego
  4변화   audīre(듣다)   1인칭 단수형태: audio

※ 사전에서 동사의 의미를 찾을 때는 반드시 '1인칭 단수형태'로 찾아야 함.

이번 단원에서는 3변화와 4변화 동사의 현재형의 변화를 살펴본다.

- 라틴어의 현재형은 현재진행으로도 해석된다. 즉, 현재진행형의 특별한 형태는 존재하지 않는다.

Rego(나는 통치한다, regere)

	단수	복수
1인칭	rego	regimus
2인칭	regis	regitis
3인칭	regit	regunt

Audio(나는 듣는다, audīre)

	단수	복수
1인칭	audio	audimus
2인칭	audis	auditis
3인칭	audit	audiunt

3변화, 4변화 동사의 예제

※ 동사의 변화를 직접 연습해 본다.

ago(운전하다, agere) →
dico(말하다, dicere) →
duco(이끌다, ducere) →
mitto(보내다, mittere) →
munio(강화하다, munīre) →
reperio(찾다, reperīre) →
venio(오다, venīre) →

변화형

ago, agis, agit, agimus, agitis, agunt
dico, dicis, dicit, dicimus, dicitis, dicunt
duco, ducis, ducit, ducimus, ducitis, ducunt
mitto, mittis, mittit, mittimus, mittitis, mittunt
munio, munis, munit, munimus, minitis, muniunt
reperio, reperis, reperit, reperimus, reperitis, reperiunt
venio, venis, venit, venimus, venitis, veniunt

02 3, 4변화 동사 미래

이번 단원에서는 3변화와 4변화 동사의 미래형의 변화를 살펴본다.

Regam(나는 통치할 것이다, regere)

	단수	복수
1인칭	regam	regemus
2인칭	reges	regetis
3인칭	reget	regent

Audiam(나는 들을 것이다, audīre)

	단수	복수
1인칭	audiam	audiemus
2인칭	audes	audietis
3인칭	audet	audient

03 불규칙 동사

- esse (sum동사) 　　　～이다
- posse (possum 동사) 　～할 수 있다.
- velle (volo 동사) 　　 ～를 원한다.
- nolle (nolo 동사) 　　 ～를 원하지 않는다.
- malle (malo 동사) 　　～를 선호한다.

(1) 현재 변화

인칭	esse	posse	velle	nolle	malle
1인칭단수	sum	possum	volo	nolo	malo
2인칭단수	es	potes	vis	non vis	mavis
3인칭단수	est	potest	vult	non vult	mavult
1인칭복수	sumus	possumus	volumus	nolumus	malumus
2인칭복수	estis	potestis	vultis	non vultis	mavultis
3인칭복수	sunt	possunt	volunt	nolunt	malunt

(2) 미래 변화

인칭	esse	posse	velle	nolle	malle
1인칭단수	ero	potero	volam	nolam	malam
2인칭단수	eris	poteris	voles	noles	males
3인칭단수	erit	poterit	volet	nolet	malet
1인칭복수	erimus	poterimus	volemus	nolemus	malemus
2인칭복수	eritis	poteritis	voletis	noletis	maletis
3인칭복수	erunt	poterunt	volent	nolent	malent

04 미래완료

미래완료는 미래의 어느 시점까지 행위가 종료되는 것으로 영어에서 「will have +p.p.」 의미를 나타낸다.

Rexero(나는 통치할 것이다, regere)

	단수	복수
1인칭	rexero	rexerimus
2인칭	rexeris	rexeritis
3인칭	rexerit	rexerint

Audivero(나는 들을 것이다, audīre)

	단수	복수
1인칭	audivero	audiverimus
2인칭	audiveris	audiveritis
3인칭	audiverit	audiverint

독해연습

Proximum domicilio Corneliae erat pulchrae Campanae domicilium. Campana erat superba non solum forma sua sed maxime ornamentis suis. Ea laudabat semper. "Habesne tu ulla ornamenta, Cornelia?" inquit. "Ubi sunt tua ornamenta?" Deinde Cornelia filios suos Tiberium et Gaium vocat. "Pueri mei," inquit, "sunt mea ornamenta. Nam boni liberi sunt semper bonae feminae ornamenta maxime clara."

해석 : 아름다운 캄파나의 숙소는 코르넬이라의 숙소 옆에 있었다. 캄파나는 외모뿐만 아니라, 그녀가 가지고 있는 최고의 장신구들에 거만해 있었다. 그녀는 항상 칭송을 했었다. "너는 다른 보물들을 가지고 있니?"라고 물으면서, "어디에 네 보물들이 있니?. 그곳에서 코르넬리아는 그녀의 아들들인 티베리우스와 가이우스를 불렀다. "나의 아들들은 나의 보물이다."라고 말했다. 왜냐하면, 예쁜 아이들은 항상 멋진 여성에게 최고로 아름다운 보물이었다.

domicilium	숙소
ornamentum	장신구, 보물
Ubi	(의문사) 어디에
inquam	(인용구를) 말하다
maxime	최고로

10 연습 문제

문제 I 다음을 한국어로 번역하시오.

1. Quis agit? Cur venit? Quem mittit? Quem ducis?
   _____

2. Quid mittunt? Ad quem veniunt? Cuius castra muniunt?
   _____

3. Quem agunt? Venimus. Quid puer reperit?
   _____

4. Quem mittimus? Cuius equum ducitis? Quid dicunt?
   _____

5. Munimus, venitis, dicit.
   _____

6. Agimus, reperitis, munis.
   _____

7. Reperis, ducitis, dicis.
   _____

8. Agitis, audimus, regimus.
   _____

문제 II 다음을 한국어로 번역하시오.

1. Dicet, ducetis, muniemus.
   _____

2. Dicent, dicetis, mittemus
   _____

3. Munient, reperietis, agemus
   _____

4. Ducet, mittes, veniet, aget.
   _____

5. Muniet, reperietis, agemus.
   _____

6. Mittam, veniemus, regent
   _____

7. Audietis, venies, reperies

_____

8. Reperiet, agam, ducemus, mittet

_____

9. Videbitis, sedebo, vocabimus.

_____

11 동사의 형태 Ⅲ

- 과거 시제 : 불완료 시제와 완료시제
- 현재분사형태(-ens)
- 대과거와 미래완료

01 1, 2, 3, 4변화 동사의 불완료 과거 동사

불완료동사는 과거를 회상할 때, 기억을 묘사할 때 사용하며 시간적으로 구분을 한다면, 그 행동의 시작과 끝을 명확히 표현하지 못하는 것을 언급할 때 사용된다. 또한 과거의 행동을 표현할 때, 동시에 일어나는 두 동작의 상대적 길이를 표현할 때, 짧은 것은 완료과거로 표현하며, 긴 길이의 동작은 불완료 과거로 표현한다. 불완료 규칙 동사를 만들 때 그 어간은 '-ba-'가 사용된다는 것을 기억해 두자.

- 라틴어의 과거진행형은 존재하지 않으며, 불완료 과거를 상황에 따라 진행형으로 해석해서 나타낸다.

① 1변화 동사: Amo(나는 사랑한다, amāre)동사의 불완료 과거

	단수	복수
1인칭	amabam	amabamus
2인칭	amabas	amabatis
3인칭	amabat	amabant

② 2변화 동사: Moneo(나는 충고한다, monēre)동사의 불완료 과거

	단수	복수
1인칭	monebam	monebamus
2인칭	monebas	monebatis
3인칭	monebat	monebant

③ 3변화 동사: Rego(나는 통치한다, regere)동사의 불완료 과거

	단수	복수
1인칭	regebam	regebamus
2인칭	regebas	regebatis
3인칭	regebat	regebant

④ 4변화 동사: Audio(나는 듣는다, audīre)동사의 불완료 과거

	단수	복수
1인칭	audiebam	audiebamus
2인칭	audiebas	audiebatis
3인칭	audiebat	audiebant

⑤ Sum 동사(나는~이다/ 있다, esse)동사의 불완료 과거

	단수	복수
1인칭	eram	eramus
2인칭	eras	eratis
3인칭	erat	erant

Magister librum legebat.
선생님은 책을 읽으셨었다.

Discipuli ante cenam in ludo cantabant.
학생들은 저녁시간 전에 학교에서 노래를 불렀었다.

Nuper ea resistebat et nunc resistit potentiae Latonae.
최근에 그녀는 저항했었고, 지금도 라토나의 힘에 저항하고 있다.

02 1, 2, 3, 4변화 동사의 완료 과거 동사

완료동사는 과거를 표현할 때 사용하는 시제로, 그 행동의 시작과 끝을 명확하게 표현할 수 있는 상황을 언급할 때 사용한다. 또한 과거 행동의 동시에 일어나는 두 동작의 상대적 길이를 표현할 때, 짧은 것은 완료과거 동사로 나타낸다.

- 라틴어의 과거진행형은 존재하지 않으며, 불완료 과거를 상황에 따라 진행형으로 해석해서 나타낸다.

① 1변화 동사: Amo(나는 사랑한다, amāre)동사의 불완료 과거

	단수	복수
1인칭	amavi	amavimus
2인칭	amavisti	amavistis
3인칭	amavit	amaverunt

② 2변화 동사: Moneo(나는 충고한다, monēre)동사의 불완료 과거

	단수	복수
1인칭	monui	monuimus
2인칭	monuisti	monuistis
3인칭	monuit	monuverunt

③ 3변화 동사: Rego(나는 통치한다, regere)동사의 불완료 과거

	단수	복수
1인칭	rexi	reximus
2인칭	rexisti	rexistis
3인칭	rexit	rexerunt

④ 4변화 동사: Audio(나는 듣는다, audīre)동사의 불완료 과거

	단수	복수
1인칭	audivi	audivimus
2인칭	audivisti	audivitis
3인칭	audivit	audiverunt

중요 암기 사항

완료과거의 경우, 그 형태가 특이하게 바뀌는 경우가 많음으로 암기를 요구하는 부분이다.
반드시 완료과거 1인칭 단수를 여러번 읽어 암기해야 응용이 된다.

- ago, agere(운전하다) → egi
- contineo, continere(계속하다) → continui
- credo, credere(믿다) → credidi
- do, dare(주다) → dedi
- deleo, delere(제거하다) → delevi
- doceo, docere(가르치다) → docui
- egeo, egere(필요하다) → egui
- faveo, favere(호의를 베풀다) → favi
- fugio, fugere(도망가다) → fugi
- habeo, habere(소유하다) → habui
- iacio, iacere(눕다) → ieci
- interficio, interficere(죽이다) → interfeci

- iubeo, iubere(명령하다) → iussi
- moveo, movere(움직이다) → movi
- noceo, nocere(상처를 입히다) → nocui
- pareo, parere(복종하다) → parui
- persuadeo, persuadere(설득하다) → persuasi
- prohibeo, prohibere(금지하다) → prohibui
- rapio, repere(잡다) → rapui
- resisto, resistere(저항하다) → restiti
- respondeo, respondere(응답하다) → respondi
- reperio, reperire(찾다) → repperi
- sedeo, sedere(앉다) → sedi
- studeo, studere(열정을 보이다) → studui
- video, videre(보다) → vidi
- dico, dicere(말하다) → dixi
- discedo, descedere(출발하다) → discessi
- duco, ducere(이끌다) → duxi
- facio, facere(만들다) → feci
- mitto, mittere(보내다) → misi
- munio, munire(강화하다) → munivi
- sum, esse(이다, 있다) → fui
- venio, venire(오다) → veni

※ 참고 사항

라틴어의 동사는 '원형'이 현재의 원형, 과거의 원형, 미래의 원형으로 각 동사마다 3가지 형태를 가진다는 것을 명심한다.

	sum	amo	moneo	rego	capio	audio
현재 원형	esse	amare	monere	regere	capere	audire
과거 원형	fuisse	amavisse	monuisse	rexisse	cepisse	audivisse
미래 원형	futurus esse	amaturus esse	moniturus esse	recturus esse	capturus esse	auditurus esse

03 현재분사형태

격변화 명칭	라틴어 격변화			
	남성명사(2변화)	여성명사(1변화)	중성명사(2변화)	
Nominative	-ens	-ens	-ens	단수
Genitive	-entis	-entis	-entis	
Dative	-enti	-enti	-enti	
Accusative	-entem	-entem	-ens	
Ablative	-ente	-ente	-ente	
Nominative	-entes	-entes	-entia	복수
Genitive	-entum	-entum	-entum	
Dative	-entibus	-entibus	-entibus	
Accusative	-entes	-entes	-entia	
Ablative	-entibus	-entibus	-entibus	

Puella viatores oppidum relinquentes vidit.
여자아이는 관광객이 도시에서 떠나고 있는 것을 봤다.

Puer qui proximus dormienti stat.
잠자고 있는 사람의 옆에 서있는 소년.

04 대과거와 미래 완료

① 대과거

과거보다 이전과거를 표현하기 위한 시제이다. 그 형태를 만들 때, 완료과거 형태에 'eram, eras, erat, eramus, eratis, erant'를 붙이면 된다.

인칭	amare	monere	regere	audire
1인칭단수	amaveram	monueram	rexeram	audiveram
2인칭단수	amaveras	monueras	rexeras	audiveras
3인칭단수	amaverat	monuerat	rexerat	audiverat
1인칭복수	amaveramus	monueramus	rexeramus	audiveramus
2인칭복수	amaveratis	monueratis	rexeratis	audiveratis
3인칭복수	amaverant	monuerant	rexerant	audiverant

② 미래 완료

미래의 일정시점까지 완료되는 의미를 말하는 시제이다. 그 형태를 만들 때, 완료 과거 형태에 'ero, eris, erit, erimus, eritis, erint'를 붙이면 된다.

인칭	amare	monere	regere	audire
1인칭단수	amavero	monuero	rexero	audivero
2인칭단수	amaveris	monueris	rexeris	audiveris
3인칭단수	amaverit	monuerit	rexerit	audiverit
1인칭복수	amaverimus	monuerimus	rexerimus	audiverimus
2인칭복수	amaveritis	monueritis	rexeritis	audiveritis
3인칭복수	amaverint	monuerint	rexerint	audiverint

독해연습

Apud antiquas dominas, Cornelia, Africani filia, erat maxime clara. Filii eius erant Tiberius Gracchus et Gaius Gracchus. Ii pueri cum Cornelia in oppido Roma, claro Italiae oppido, habitabant. Ibi eos curabat Cornelia et ibi magno cum studio eos docebat. Bona femina erat Cornelia et bonam disciplinam maxime amabat.

해석 : 옛날 여주인들 중에, 아프리카의 딸인 코르넬리아는 최고로 아름다웠다. 그의 아들들은 티베리우스 그락쿠스와 가이우스 그락쿠스이다. 이탈리아의 아름다운 도시인, 도시 로마에서 코르넬리아와 그 아이들은 살았다. 그곳에서 코르넬리아는 그들을 돌보았고, 그곳에서 최고의 열정으로 그들을 가르쳤었다. 코르넬리아는 멋진 여인이었고, 최고로 훌륭한 훈육을 좋아했다.

어휘 참고

apud	~중에
disciplina	훈육
ornamentum	장신구, 보석
docere	가르치다
antiquus	옛날의, 오래된

11 연습 문제

문제 I 다음을 한국어로 번역하시오.

1. Videbamus, desiderabat, maturabas.
   _____

2. Dabant, vocabatis, delebamus.
   _____

3. Pugnabant, laudabas, movebatis.
   _____

4. Iubebant, properabatis, portabamus.

5. Dabas, narrabant, laborabatis.

6. Videbant, movebas, nuntiabamus.

7. Necabat, movebam, habebat, parabatis.

문제 II 다음을 한국어로 번역하시오.

1. Habuisti, moverunt, miserunt.

2. Vidit, dixeris, duxisse.

3. Misistis, paruierunt, discesseramus.

4. Munivit, dederam, misero.

5. Habuerimus, delevi, paruit, fuisse.

6. Dederas, muniveritis, veneratis, misisse.

7. Veneras, fecisse, dederatis, portaveris.

8. Quem verba oraculi moverant? Populum verba oraculi moverant.

9. Cui Cepheus verba oraculi narraverit? Perseo Cepheus verba oraculi narraverit.

10. Amici ab Andromeda discesserint.

11. Monstrum saevum domicilia multa deleverat.

12. Ubi monstrum vidistis? Id in aqua vidimus.

13. Quid monstrum faciet? Monstrum Andromeda interficiet.

12 대명사 I

– 소유형용사

라틴어의 인칭대명사에서 3인칭은 존재하지 않는다. 3인칭은 지시 대명사로 대체하여 사용하며, 대부분의 주격 인칭대명사는 생략해서 사용한다.

01 인칭 대명사

라틴어 격변화				
격변화 명칭	나	너	우리	너희들
Nominative	ego	tu	nos	vos
Genitive	mei	tui	nostrum (nostri)	vestrum (vestri)
Dative	mihi	tibi	nobis	vobis
Accusative	me	te	nos	vos
Ablative	me	te	nobis	vobis

02 의문 대명사

라틴어 격변화		
격변화 명칭	누구	무엇
Nominative	quis	quid
Genitive	cuius	cuius
Dative	cui	cui
Accusative	quem	quid
Ablative	quo	quo

03 관계 대명사

라틴어 격변화				
격변화 명칭	남성명사	여성명사	중성명사	
Nominative	qui	quae	quod	단수
Genitive	cuius	cuius	cuius	
Dative	cui	cui	cui	
Accusative	quem	quam	quod	
Ablative	quo	qua	quo	
Nominative	qui	quae	quae	복수
Genitive	quorum	quarum	quorum	
Dative	quibus	quibus	quibus	
Accusative	quos	quas	quae	
Ablative	quibus	quibus	quibus	

Romani interfecerunt viros qui capti sunt.
로마인들은 붙잡힌 남자들을 죽였다.

Romani interfecerunt feminam quae capta est.
로마인들은 붙잡힌 여자를 죽였다.

※ 관계대명사를 의문사로 사용하는 경우에 '관계대명사+명사'로 사용한다. 그 의미는 '어떤 ~' 또는 '무슨 ~'로 해석이 된다.

Quis est vir? 남자는 누구입니까?
Qui vir eos ducit? 어떤 남자가 그들을 이끄나요?

독해연습

Tarpeia, commota ornamentis Sabinorum pulchris, diu resistere non potuit et respondit: "Date mihi ornamenta quae in sinistris bracchiis geritis, et celeriter copias vestras in Capitolium ducam." Nec Sabini recusaverunt, sed per duras magnasque castelli portas properaverunt quo Tarpeia duxit et mox intra validos et altos muros stabant. Tum sine mora in Tarpeiam scuta graviter iecerunt nam scuta quoque in sinistris bracchiis gerebant. Ita perfida puella Tarpeia interfecta est ita Sabini Capitolium occupaverunt.

해석 : 사비누스족들의 아름다운 장신구들에 흥분한, 타르페이아는 한동안 참을 수 없었고, 그리고 응답했다. "너희들은 나에게 왼쪽 팔에 가지고 있는 장신구를 줘라, 그러면 빠르게 많은 너희들을 카피톨리움으로 이끌고 가겠다." 사비누스인들은 거부하지 않았다. 하지만, 단단하고, 큰 성문들을 통과해 진격했다. 그들을 타르페이아가 이끌었다. 그리고 곧 강하고 높은 성벽 안쪽 있게 되었다. 그때 지체 없이 타르페이아에게 육중한 방패들이 던져졌다. 왜냐하면 왼쪽 팔에 들려있던 것은 방패들이었다. 그래서 신의없는 여자아이 타르페이아는 죽게되었고, 그렇게 사비누스인들은 카피톨리움을 차지하게 되었다.

어휘 참고

diu	오랫동안	stare	서있다
celeriter	빠르게	graviter	육중하게
ducere	이끌다	perfidus	믿을만한
recusare	거절하다		

12 연습 문제

문제 I 다음을 한국어로 번역하시오.

1. Mea mater est cara mihi et tua mater est cara tibi.
   _____

2. Vestrae litterae erant gratae nobis et nostrae litterae erant gratae vobis.
   _____

3. Nuntius regis qui nobiscum est nihil respondebit.
   _____

4. Nuntii pacem amicitiamque sibi et suis sociis postulaverunt.
   _____

5. Si tu arma sumes, ego regnum occupabo.
   _____

6. Uter vestrum est civis Romanus? Neuter nostrum.
   _____

7. Eo tempore multi supplicium dederunt quia regnum petierant.
   _____

8. Sume supplicium, Caesar, de hostibus patriae acribus.
   _____

9. Prima luce alii metu commoti sese fugae mandaverunt; alii autem magna virtute impetum exercitus nostri sustinuerunt.

10. Soror regis, ubi de adverso proelio audivit, sese Pompeiis interfecit.

문제 II 다음을 한국어로 번역하시오.

1. Quis est aeger? Servus quem amo est aeger.

2. Cuius scutm habes? Scutum habeo quod legatus ad castellum misit.

3. Cui legatus suum scutum dabit? Filio meo scutum dabit.

4. Ubi Germani antiqui vivebant? In terra quae est proxima Rheno Germani vivebant.

5. Quibuscum Germani bellum gerebant? Cum Romanis, qui eos superare studebant, Germani bellum gerebant.

6. Qui viri castra posuiunt? Germani victi sunt.
   _____

7. Quibus telis copiae nostrae eguerunt? Gladiis et telis nostrae copiae eguerunt.
   _____

8. A quibus porta sinistra tenebatur? A sociis porta sinistra tenebatur. A sociis porta sinistra tenebatur.
   _____

9. Quae provinciae a Romanis occupatae sunt? Multae provinciae a Romanis occupatae sunt.
   _____

10. Quibus viris dei favebunt? Bonis viris dei favebunt.
    _____

어휘 참고

corpus	몸
densus	짙은
idem	동의(하다)
ipse	[강조부사]
mirus	놀라운
olim	옛날에
pars	부분, 지역
quoque	또한
verus	진정한

13 명사의 형태 Ⅱ

- 4변화 명사
- 5변화 명사

01 4변화 명사

4변화 명사의 격변화는 1,2,3변화와 마찬가지로 문장성분을 의미하는데, 문장성분마다 그 각각의 형태를 지니고 있다. 남성과 여성 명사의 변화 형태는 동일하고, 중성만 조금 다르다. 형태가 2변화 남성명사와 유사함으로 반드시 속격 형태를 확인해서 그 변화형을 확인해야 한다.

① 남성: fructus (과일)

라틴어 격변화				
한국어	격변화 명칭	명사변화	문장성분 명칭	
Nominative	fructus	주격(주어)	과일은	단수
Genitive	fructus	속격(소유격)	과일의	
Dative	fructui	여격(간접목적어)	과일에게	
Accusative	fructum	대격(직접목적어)	과일을	
Ablative	fructu	탈격(전치사 목적어)	과일로부터	
Nominative	fructus	주격(주어)	과일들은	복수
Genitive	fructuum	속격(소유격)	과일들의	
Dative	fructibus	여격(간접목적어)	과일들에게	
Accusative	fructus	대격(직접목적어)	과일들을	
Ablative	fructibus	탈격(전치사 목적어)	과일들로부터	

② 여성: manus (손)

라틴어 격변화				
한국어	격변화 명칭	명사변화	문장성분 명칭	
Nominative	manus	주격(주어)	손은	단수
Genitive	manus	속격(소유격)	손의	
Dative	manui	여격(간접목적어)	손에게	
Accusative	manum	대격(직접목적어)	손을	
Ablative	manu	탈격(전치사 목적어)	손으로부터	
Nominative	manus	주격(주어)	손들은	복수
Genitive	manuum	속격(소유격)	손들의	
Dative	manibus	여격(간접목적어)	손들에게	
Accusative	manus	대격(직접목적어)	손들을	
Ablative	manibus	탈격(전치사 목적어)	손들로부터	

③ 중성: genu (무릎)

라틴어 격변화				
한국어	격변화 명칭	명사변화	문장성분 명칭	
Nominative	genu	주격(주어)	무릎은	단수
Genitive	genus	속격(소유격)	무릎의	
Dative	genu	여격(간접목적어)	무릎에게	
Accusative	genu	대격(직접목적어)	무릎을	
Ablative	genu	탈격(전치사 목적어)	무릎으로부터	
Nominative	genua	주격(주어)	무릎들은	복수
Genitive	genuum	속격(소유격)	무릎들의	
Dative	genibus	여격(간접목적어)	무릎들에게	
Accusative	genua	대격(직접목적어)	무릎들을	
Ablative	genibus	탈격(전치사 목적어)	무릎들로부터	

02 5변화 명사

5변화 명사는 그 대상어휘가 많지 않다. 그럼으로 그 어휘를 잘 파악해놓을 필요가 있으며, 중성어휘는 거의 없고, 남성과 여성어휘가 있는데, 그 변화 형태는 동일하다.

① 남성: dies (날[日])

라틴어 격변화				
한국어	격변화 명칭	명사변화	문장성분 명칭	
Nominative	dies	주격(주어)	하루는	단수
Genitive	diei	속격(소유격)	하루의	
Dative	diei	여격(간접목적어)	하루에(게)	
Accusative	diem	대격(직접목적어)	하루를	
Ablative	die	탈격(전치사 목적어)	하루로부터	
Nominative	dies	주격(주어)	날들은	복수
Genitive	dierum	속격(소유격)	날들의	
Dative	diebus	여격(간접목적어)	날들에(게)	
Accusative	dies	대격(직접목적어)	날들을	
Ablative	diebus	탈격(전치사 목적어)	날들로부터	

② 여성 : res (사물, 것)

라틴어 격변화				
한국어	격변화 명칭	명사변화	문장성분 명칭	
Nominative	res	주격(주어)	사물은	단수
Genitive	rei	속격(소유격)	사물의	
Dative	rei	여격(간접목적어)	사물에(게)	
Accusative	rem	대격(직접목적어)	사물을	
Ablative	re	탈격(전치사 목적어)	사물로부터	
Nominative	res	주격(주어)	사물들은	복수
Genitive	rerum	속격(소유격)	사물들의	
Dative	rebus	여격(간접목적어)	사물들에(게)	
Accusative	res	대격(직접목적어)	사물들을	
Ablative	rebus	탈격(전치사 목적어)	사물들로부터	

독해연습

M. Ubi fuistis, Tite et Quinte?

T. Ego in meo ludo fui et Quintus in suo ludo fuit. Boni pueri fuimus. fuitne Sextus in vico hodie?

M. Fuit. Nuper per agros proximus fluvio properabat. Ibi is et Cornelius habent navigium.

T. Navigium dicis? Alii narra eam fabulam!

M. Vero, pulchrum et novum navigium!

Q. Cuius pecunia Sextus et Cornelius id navigium parant? Quis iis pecuniam dat?

M. Amici Corneli multum habent aurum et puer pecunia non eget.

T. Quo pueri navigabunt? Navigabuntne longe a terra?

M. Dubia sunt consilia eorum. Sed hodie, credo, si ventus erit idoneus, ad maximam insulam navigabunt. Iam antea ibi fuerunt. Tum autem ventus erat perfidus et pueri magno in periculo erant.

Q. Aqua vento commota est inimica nautis semper, et saepe perfidus ventus navigia rapit, agit, deletque. Ii pueri, si non fuerint maxime attenti, irata aqua et valido vento superabuntur et ita interficientur.

해석 : M. 너희들은 어디에 있었니? 티투스와 쿠인투스야?

T. 나는 나의 학교에 있었고, 쿠인투스는 그의 학교에 있었다. 우리는 착한 학생들이다. 섹스투스는 오늘 마을에 있었니?

M. 있었어. 최근에 강과 접해 있는 밭(들)을 통해서 갔었다. 그곳에는 그와 코르넬리우스가 배를 가지고 있다.

T. 배라고 말했니? 다른 아이들이 그 이야기를 하더라고!

M. 맞아, 예쁘고 새로운 배야!

Q. 섹스투스와 코르넬리우스는 누구의 돈으로 그 배를 준비했니? 누가 그들에게 돈을 주니?

M. 콜르넬리우스의 친구들은 많은 금을 가지고 있다. 그래서 아이는 돈을 필요로 하지 않는다.

T. 어디에서부터 아이들은 (배를) 항해하니? 땅에서 멀리까지 항해하니?

M. 그들의 계획들은 의문이 간다. 하지만, 오늘은 난 믿겠다. 만약 바람이 이상적이라며, 최고로 먼 섬까지 항해해 갈 것이다. 이미 전에 그곳에 갔었다. 그러나 하지만 바람은 기만적이었고, 아이들은 큰 위험에 빠졌었다.

Q. 바람에 들썩이는 물은 항상 뱃사람들에게는 적대적이다. 그리고 때때로 곱지 않은 바람은 배들을 빠르게 움직이게 하고, 부서지게 한다. 그 소년들은 만약 최대한의 주의를 요하지 않았다면, 성난 물과 완강한 바람에 굴복되었을 것이고 그렇게 죽게 되었을 것이다.

어휘 참고

aurus	금	dubius	의심스런
mora	지체	perfidus	믿을 수 없는
navigium	배	antea	전에
ventus	바람	sine	~없이
attentus	조심하는		

13 연습 문제

문제 I 다음을 한국어로 번역하시오.

1. Ante adventum Caesaris veloces hostium equites acrem impetum in castra fecerunt.

   _____

2. Continere excercitum a proelio non facile erat.

   _____

3. Post adventum suum Caesar iussit legiones ex castris duci.

4. Pro castris cum hostium equitatu pugnatum est.

5. Post tempus breve equitatus tras flumen fugit ubi castra hostium posita erant.

6. Tum victor imperator agros vastavit et vicos hostium cremavit.

7. Castra autem non oppugnavit quia milites erant defessi et locus difficilis.

8. Hostes non cessaverunt iacere tela, quae paucis nocuerunt.

9. Post adversum proelium principes Gallorum legatos ad Caesarem mittere studebant, sed populo persuadere non poterant.

문제 II 다음을 한국어로 번역하시오.

1. Galba agricola ruri vivit. Cotidie prima luce laborare incipit, nec ante noctem in studio suo cessat.

2. Meridie Iulia filia eum ad cenam vocat. Nocte pedes defessos domum vertit.

3. Aestate filii agricolae auxilium patri dant. Hieme agricola eos in ludum mittit.

4. Ibi magister pueris multas fabulas de rebus gestis Caesaris narrat. Aestate filii agricolae perpetuis laboribus exercentur nec grave agri opus est iis molestum.

5. Galba sine ulla cura vivit nec res adversas timet.

14 대명사 Ⅱ

– ille, hic, is, ipse, se

01 그(것)

라틴어에는 3인칭 인칭 대명사가 별도로 존재하지 않는다. 남성 단수의 경우에 ille또는 is를 사용하며, 인칭대명사 또는 지시대명사(that)의 역할을 한다. 이 대명사들은 지시 형용사 역할도 할 수 있다.

① ille, illa, illd

격변화 명칭	남성 ille	여성 illa	중성 illud	
Nominative	ille	illa	illud	단수
Genitive	illius	illius	illius	
Dative	illi	illi	illi	
Accusative	illum	illam	illud	
Ablative	illo	illa	illo	
Nominative	illi	illae	illa	복수
Genitive	illorum	illarum	illorum	
Dative	illis	illis	illis	
Accusative	illos	illas	illa	
Ablative	illis	illis	illis	

(라틴어 격변화)

② is, ea, id

라틴어 격변화				
격변화 명칭	남성 is	여성 ea	중성 id	
Nominative	is	ea	id	단수
Genitive	eius	eius	eius	
Dative	ei	ei	ei	
Accusative	eum	eam	id	
Ablative	eo	ea	eo	
Nominative	ei [또는 ii]	eae	ea	복수
Genitive	eorum	earum	eorum	
Dative	eis	eis	eis	
Accusative	eos	eas	ea	
Ablative	eis	eis	eis	

Galba eius filium vocat.
갈바는 그(녀)의 아들을 부른다.

※ 참고: 위 문장에서 'eius'는 자신의 아들이 아니라 다른 사람의 아들을 지칭한다.

Galba suum filium vocat.
갈바는 자신의 아들을 불렀다.

Viri eorum pueros laudant.
남자들은 그(녀)들의 아이들을 칭찬한다.

02 이(것)

위의 'ille와 is'는 '그것'의 대명사와 형용사의 의미인데, 상반된 의미의 '이것'의 의미를 가지는 대명사와 형용사는 다음과 같다.

라틴어 격변화				
격변화 명칭	남성 hic	여성 haec	중성 hoc	
Nominative	hic	haec	hoc	단수
Genitive	huius	huius	huius	
Dative	huic	huic	huic	
Accusative	hunc	hanc	hoc	
Ablative	hoc	hac	hoc	
Nominative	hi	hae	haec	복수
Genitive	horum	harum	horum	
Dative	his	his	his	
Accusative	hos	has	haec	
Ablative	his	his	his	

03 명사의 강조 재귀형

영어에서 명사를 강조하기 위해, 해당 명사 뒤에 ~self 또는 ~selves를 붙여서 그 명사를 강조하는 역할을 하는데, 라틴어에서는 ipse형태를 붙여 그 강조역할을 하게 한다.

라틴어 격변화				
격변화 명칭	남성 ipse	여성 ipsa	중성 ipsum	
Nominative	ipse	ipsa	ipsum	단수
Genitive	ipsius	ipsius	ipsius	
Dative	ipsi	ipsi	ipsi	
Accusative	ipsum	ipsam	ipsum	
Ablative	ipso	ipsa	ipso	
Nominative	ipsi	ipsae	ipsa	복수
Genitive	ipsorum	ipsarum	ipsorum	
Dative	ipsis	ipsis	ipsis	
Accusative	ipsos	ipsas	ipsa	
Ablative	ipsis	ipsis	ipsis	

04 동사의 재귀형 만들기

타동사에 재귀형 인칭대명사를 동일한 주어에 맞춰 사용하게 되면, 자동사화된 의미를 가지게 된다. 인칭에 맞게 그 형태를 써야 함을 주의해야 한다.

라틴어 격변화				
격변화 명칭	나	너	그 또는 그녀	
Nominative	-	-	-	단수
Genitive	mei	tui	sui	
Dative	mihi	tibi	sibi	
Accusative	me	te	se [또는 sese]	
Ablative	me	te	se [또는 sese]	
Nominative	-	-	-	복수
Genitive	nostri	vestri	sui	
Dative	nobis	vobis	sibi	
Accusative	nos	vos	se [또는 sese]	
Ablative	nobis	vobis	se [또는 sese]	

독해연습

M. Quis est vir, Corneli, cum puero parvo? Estne Romanus et liber?

C. Romanus non est, Marce. Is vir est servus et eius domicilium est in silvis Galliae.

M. Estne puer filius eius servi an alterius?

C. Neutrius filius est puer. Is est filius legati Sexti.

M. Quo puer cum eo servo properat?

C. Is cum servo properat ad latos Sexti agros. Totum frumentum est iam maturum et magnus servorum numerus in Italiae agris laborat.

M. Agricolaene sunt Galli et patriae suae agros arant?

C. Non agricolae sunt. Bellum amant Galli, non agri culturam. Apud eos viri pugnant et feminae auxilio liberorum agros arant parantque cibum.

M. Magister noster pueris puellisque gratas Gallorum fabulas saepe narrat et laudat eos saepe.

C. Mala est fortuna eorum et saepe miseri servi multis cum lacrimis patriam suam desiderant.

해석 : M. 콜르넬리우스야, 작은 소년과 함께있는 남자는 누구니? 로마인이며 자유인이니?

C. 마르쿠스는 로마인이 아니다. 그 남자는 하인이며, 그의 숙소는 갈리아의 숲 속에 있다.

M. 소년은 그 하인의 아들이니 아니면 다른 하인의 아들이니?

C. 소년은 어떤 사람의 아들도 아니다. 그는 섹스투스 장수의 아들이다.

M. 어디로부터 그 하인과 있는 소년이 빠르게 가고 있니?

C. 하인과 그는 섹스투스의 넓은 땅으로 가고 있다. 모든 곡식은 이제 익었고, 하인들의 많은 숫자가 이탈리아의 영토에서 일을 한다.

M. 농부들은 갈루스인들이며, 그들은 조국의 밭들을 경작하고 있니?

C. (그들은) 농부들이 아니다. 갈루스인들 전쟁을 좋아하고, 밭의 경작을 하지 않는다. 그들사이에 남자들은 싸우며, 여성들은 아이들의 도움을 받아 밭을 경작하고, 식량을 준비한다.

M. 우리의 선생님은 남자아이들과 여자아이들에게 갈루스인들의 재미있는 이야기를 때때로 해주며, 때때로 그들을 칭송한다.

C. 그들의 운(명)은 나쁘며, 때때로 불쌍한 하인들은 많은 눈물을 흘리며 그들의 조국을 그리워한다.

14 연습 문제

문제 I 다음을 한국어로 번역하시오.

1. Eam, eum, id, eos, eas, ea laudat.
   _____

2. Is carrus, ea fama, ii magistri, eae feminae, id domicilium, ea domicilia.
   _____

3. Id praesidium validum, apud eas feminas infirmas et aegras, ea inopia constantiae, ea consilia crebra.
   _____

4. Altera femina suas gallinas vocat.
   _____

5. Alia femina eius gallinas vocat.
   _____

6. Gallus arma sua laudat.
   _____

7. Gallus arma eius laudat.
   _____

8. Is agricola agros eorum saepe arat.
   _____

9. Ii servi miseri dominum suum desiderant.
   _____

10. Ii servi miseri dominum eorum desiderant.
    _____

11. Viri liberi patriam suam amant.

12. Vicos et oppida eius amant.

문제 II 다음을 한국어로 번역하시오.

1. Ille fortis Germanorum dux suos convocavit et hoc modo animos eorum confirmavit.

2. Vos, qui in his finibus vivitis, in hunc locum convocavi quia mecum debetis istos agros et istas domos ab iniuriis Romanorum liberare.

3. Hoc nobis non difficile erit, quod illi hostes has silvas densas, feras saevas quarum vestigia vident, montes altos timent.

4. Si fortes erimus, dei ipsi nobis viam salutis demonstrabunt. Ille sol, isti oculi calamitates nostras viderunt.

5. Itaque nomen illius rei publicae Romanae non solum nobis, sed etiam omnibus hominibus qui libertatem amant, est invisum.

6. Ad arma vos voco. Exercete istam pristinam virtutem et vincetis.

15 동사의 형태 IV

- 수동태

라틴어의 수동태 형은 영어처럼 「be+p.p. ~ by 행위자」공식을 가지는 형태와 자체 동사 변화를 독자적으로 가진 형태로 구분이 된다. 즉, 수동태의 현재, 미래, 불완료 과거의 경우는 독자적 형태를 가지고 있고, 완료과거, 완료미래, 대과거의 경우는 '영어와 유사한 형태'를 가진다. 완료과거와 대과거의 형태에 유의해야할 부분은 sum동사가 현재로 사용할 때는 완료과거 이며, 불완료 과거로 사용할 때는 대과거 라는 점을 반드시 유의해야 한다.

01 1변화 동사 (amare)

① 독자 형태

인칭	현재	미래	불완료 과거
1인칭단수	amor	amabor	amabar
2인칭단수	amaris	amaberis	amabaris
3인칭단수	amatur	amabitur	amabatur
1인칭복수	amamur	amabimur	amabamur
2인칭복수	amamini	amabimini	amabamini
3인칭복수	amantur	amabuntur	amabantur

② 영어와 유사한 형태

인칭	완료과거	대과거	미래완료
1인칭단수	amatus sum	amatus eram	amatus ero
2인칭단수	amatus es	amatus eras	amatus eris
3인칭단수	amatus est	amatus erat	amatus erit
1인칭복수	amati sumus	amati eramus	amati erimus
2인칭복수	amati estis	amati eratis	amati eritis
3인칭복수	amati sunt	amati erant	amati erunt

※ amatus 또는 amati는 남성주어기준으로 쓰여진 것임. 주어가 여성, 중성으로 바뀔 경우는 형용사 어미변화처럼 주어에 맞춰야 한다.

02 2변화 동사 (monere)

① 독자 형태

인칭	현재	미래	불완료 과거
1인칭단수	moneor	monebor	monebar
2인칭단수	moneris	moneberis	monebaris
3인칭단수	monetur	monebitur	monebatur
1인칭복수	monemur	monebimur	monebamur
2인칭복수	monemini	monebimini	monebamini
3인칭복수	monentur	monebuntur	monebantur

② 영어와 유사한 형태

인칭	완료과거	대과거	미래완료
1인칭단수	monitus sum	monitus eram	monitus ero
2인칭단수	monitus es	monitus eras	monitus eris
3인칭단수	monitus est	monitus erat	monitus erit
1인칭복수	moniti sumus	moniti eramus	moniti erimus
2인칭복수	moniti estis	moniti eratis	moniti eritis
3인칭복수	moniti sunt	moniti erant	moniti erunt

※ monitus 또는 moniti는 남성주어기준으로 쓰여진 것임. 주어가 여성, 중성으로 바뀔 경우는 형용사 어미변화처럼 주어에 맞춰야 한다.

독해연습(1)

Perseus filius erat Iovis, maximi deorum. De eo multas fabulas narrant poetae. Ei favent dei, ei magica arma et alas dant. Eis telis armatus et alis fretus ad multas terras volabat et monstra seava delebat et miseris infirmisque auxilium dabat.

Aethiopia est terra Africae. Eam terram Cepheus regebat. Ei Neptuns, maximus aquarum deus, erat iratus et mittit monstrum saevum ad Aethiopiam. Ibi monstrum non solum latis pulchrisque Aethiopiae agris nocebat sed etiam domicilia agricolarum delebat, et multos viros, feminas, liberosque necabat. Populus ex agris fugiebat et oppida muris validis muniebat. Tum Cepheus magna tristitia commotus ad Iovis oraculum properat et ita dicit: "Amici mei necantur; agri mei vastantur. Audi verba mea, Iuppiter. Da miseris auxilium. Age monstrum saevum ex patria."

해석 : 페르세우스는 신들 중 가장 강력한 주피터의 아들이었다. 시인들은 그의 대한 많은 이야기를 한다. 신들은 그를 선호하고 그에게 특별한 방폐와 무기를 주었다. 그 무기들을 차고 날개를 단 체 많은 지역들을 날아 사나운 괴물들을 물리치고 가엽고 아픈 사람들에게 도움을 주었다. 에티오피아는 아프리카의 한 땅이다. 체페우스는 이 땅을 통치했다. 물의 가장 강력한 신 넵투누스는, 그에 대해 매우 화가 나 있었고 에티오피아로 사나운 괴물을 보냈다. 그리고 농부들의 거주지를 파괴하고 많은 남자, 여자, 아이들을 죽였다. 사람들은 농토로부터 도망을 가고 강력한 벽으로 마을을 강화하였다. 그리고 체페우스는, 슬픔에 시달려, 쥬피터 예언자에게로 달려가 이렇게 말한다: "나의 친구들은 죽었고 나의 농토들은 황폐화해졌다. 나의 말을 들이시오 주피터. 가여운 자들을 도와 주십시오. 나의 고향 밖으로 괴물을 내보내 주십시오."

03 3변화 동사 (regere)

① 독자 형태

인칭	현재	미래	불완료 과거
1인칭단수	regor	regar	regebar
2인칭단수	regeris	regeris	regebaris
3인칭단수	regitur	regetur	regebatur
1인칭복수	regimur	regemur	regebamur
2인칭복수	regimini	regemini	regebamini
3인칭복수	reguntur	regentur	regebantur

② 영어와 유사한 형태

인칭	완료과거	대과거	미래완료
1인칭단수	rectus sum	rectus eram	rectus ero
2인칭단수	rectus es	rectus eras	rectus eris
3인칭단수	rectus est	rectus erat	rectus erit
1인칭복수	recti sumus	recti eramus	recti erimus
2인칭복수	recti estis	recti eratis	recti eritis
3인칭복수	recti sunt	recti erant	recti erunt

※ rectus 또는 recti는 남성주어기준으로 쓰여진 것임. 주어가 여성, 중성으로 바뀔 경우는 형용사 어미변화처럼 주어에 맞춰야 한다.

04 4변화 동사 (audire)

① 독자 형태

인칭	현재	미래	불완료 과거
1인칭단수	audior	audiar	audiebar
2인칭단수	audiris	audieris	audiebaris
3인칭단수	auditur	audietur	audiebatur
1인칭복수	audimur	audiemur	audiebamur
2인칭복수	audimini	audiemini	audiebamini
3인칭복수	audiuntur	audientur	audiebantur

② 영어와 유사한 형태

인칭	완료과거	대과거	미래완료
1인칭단수	auditus sum	auditus eram	auditus ero
2인칭단수	auditus es	auditus eras	auditus eris
3인칭단수	auditus est	auditus erat	auditus erit
1인칭복수	auditi sumus	auditi eramus	auditi erimus
2인칭복수	auditi estis	auditi eratis	auditi eritis
3인칭복수	auditi sunt	auditi erant	auditi erunt

※ auditus 또는 auditi는 남성주어기준으로 쓰여진 것임. 주어가 여성, 중성으로 바뀔 경우는 형용사 어미변화처럼 주어에 맞춰야 한다.

●•독해연습(2)

Tum oraculum ita respondet: "Mala est fortuna tua. Neptunus, magnus aquarum deus, terrae Aethiopiae inimicus, eas poenas mittit. Sed para irato deo sacrum idoneum et monstrum saevum ex patria tua agetur. Andromeda filia tua est monstro grata. Da eam monstro. Serva caram patriam et vitam populi tui." Andromeda autem erat puella pulchra. Eam amabat Cepheus maxime.

해석 : 그리고 예언자는 이렇게 대답했다: "너는 운이 없다. 물의 위대한 신이며 에티오피아 땅에 호의적이 않은 넵투누스가 이 벌을 보내는 것이다. 하지만 화가 난 신을 위해 적합한 것을 받치도록 해라, 그러면 너의 땅으로 사나운 괴물이 올 것이다. 너의 딸 안드로메다는 괴물로부터 호감을 얻고 있다. 괴물에게 그녀를 받치거라. 너의 소중한 고향과 마을 사람들을 살려라." 하지만 안드로메다는 아름다운 소녀였다. 체페우스는 그녀를 매우 사랑했다.

15 연습 문제

문제 다음을 한국어로 번역하시오.

1. Agebat, agebatur, mittebat, mittebatur, ducebat.

2. Agunt, aguntur, mittuntur, mittunt, muniunt.

3. Mittor, mittar, mittam, duceris, duceris.

4. Dicemur, dicimus, dicemus, dicimur, muniebamini.

5. Ducitur, ducimini, reperimur, reperiar, agitur.

6. Agebamus, agebamur, reperiris, reperiemini.

7. Munimini, veniebam, ducebar, dicetur.

8. Mittimini, mittitis, mitteris, mitteris, agebamini.

9. Dicitur, dicit, muniuntur, reperient, audientur.

문제 **II** 다음을 한국어로 번역하시오.

1. Tum perseus alis ad terras multas volabit.

2. Monstrum saevum per aquas properat et mox agros nostros vastabit.

3. Si autem Cepheus ad oraculum properabit, oraculum ita respondebit.

4. Quis telis Persei superabitur? Multa monstra telis eius superabuntur.

5. Cum curis magnis et lacrimis multis agricolae ex domicilis caris aguntur.

6. Multa loca vastabantur et multa oppida delebantur.

7. Monstrum est validum, tamen superabitur.

8. Credesne semper verbis oraculi? Ego iis non semper credam.

9. Parebitne Cepheus oraculo? Verba oraculi ei persuadebunt.

10. Si non fugiemus, oppidum capietur et oppidani necabuntur.

11. Vocate pueros et narrate fabulam claram de monstro saevo.

16 동사의 형태 V

- 접속법
- Ut, Ne, Cum

접속법은 직설법과 반대되는 개념으로 현실에 일어나는 사실적이고, 당연한 결과에 대해서는 직설법을 사용한다. 즉, 영어의 현재용법과 동일하다. 하지만, 접속법은 상상의 표현으로 전혀 예상할 수 없는 가능성 50%의 상황을 이야기 할 때 사용하는 것이다. 말하는 화자의 말과 청자 또는 그 대상의 행동이나 생각하는 것이 다를 수 있는 상태를 이야기 한다. 주로, 희망, 필요, 요구, 불확실 등의 상황에서 사용할 수 있다. 접속법의 형태는 직설법의 용법과 비교해 그 어미 형태가 전혀 다름으로 주의를 요한다. 접속법 현재는 일어나지 않거나 모르는 사실을 이야기하고 있음으로 미래의 사실을 포괄한다. 그럼으로 접속법 미래는 존재하지 않는다.

01 Amo(사랑한다, amare)

인칭	현재	불완료과거	완료과거	대과거
1인칭단수	amem	amarem	amaverim	amavissem
2인칭단수	ames	amares	amaveris	amavisses
3인칭단수	amet	amaret	amaverit	amavisset
1인칭복수	amemus	amaremus	amaverimus	amavissemus
2인칭복수	ametis	amaretis	amaveritis	amavissetis
3인칭복수	ament	amarent	amaverint	amavissent

■ Amor(사랑받는다, amari)

인칭	현재	불완료과거	완료과거	대과거
1인칭단수	amer	amarer	amatus sim	amatus essem
2인칭단수	ameris	amareris	amatus sis	amatus esses
3인칭단수	ametur	amaretur	amatus sit	amatus esset
1인칭복수	amemur	amaremur	amati simus	amati essemus
2인칭복수	amemini	amaremini	amati sitis	amati essetis
3인칭복수	amentur	amarentur	amati sint	amati essent

02 Moneo(충고한다, monere)

인칭	현재	불완료과거	완료과거	대과거
1인칭단수	moneam	monerem	monuerim	monuissem
2인칭단수	moneas	moneres	monueris	monuisses
3인칭단수	moneat	moneret	monuerit	monuisset
1인칭복수	moneamus	moneremus	monuerimus	monuissemus
2인칭복수	moneatis	moneretis	monueritis	monuissetis
3인칭복수	moneant	monerent	monuerint	monuissent

■ Moneor(충고를 받는다, moneri)

인칭	현재	불완료과거	완료과거	대과거
1인칭단수	monear	monerer	monitus sim	monitus essem
2인칭단수	monearis	monereris	monitus sis	monitus esses
3인칭단수	moneatur	moneretur	monitus sit	monitus esset
1인칭복수	moneamur	moneremur	moniti simus	moniti essemus
2인칭복수	moneamini	moneremini	moniti sitis	moniti essetis
3인칭복수	moneantur	monerentur	moniti sint	moniti essent

03 Rego(통치하다, regere)

인칭	현재	불완료과거	완료과거	대과거
1인칭단수	regam	regerem	rexerim	rexissem
2인칭단수	regas	regeres	rexeris	rexisses
3인칭단수	regat	regeret	rexerit	rexisset
1인칭복수	regamus	regeremus	rexerimus	rexissemus
2인칭복수	regatis	regeretis	rexeritis	rexissetis
3인칭복수	regant	regerent	rexerint	rexissent

■ Regor(통치를 받는다, regi)

인칭	현재	불완료과거	완료과거	대과거
1인칭단수	regar	regerer	rectus sim	rectus essem
2인칭단수	regaris	regereris	rectus sis	rectus esses
3인칭단수	regatur	regeretur	rectus sit	rectus esset
1인칭복수	regamur	regeremur	recti simus	recti essemus
2인칭복수	regamini	regeremini	recti sitis	recti essetis
3인칭복수	regantur	regerentur	recti sint	recti essent

04 Audio(듣다, audire)

인칭	현재	불완료과거	완료과거	대과거
1인칭단수	audiam	audirem	audiverim	audivissem
2인칭단수	audias	audires	audiveris	audivisses
3인칭단수	audiat	audiret	audiverit	audivisset
1인칭복수	audiamus	audiremus	audiverimus	audivissemus
2인칭복수	audiatis	audiretis	audiveritis	audivissetis
3인칭복수	audiant	audirent	audiverint	audivissent

■ Audior(들리게 되다, audiri)

인칭	현재	불완료과거	완료과거	대과거
1인칭단수	audiar	audirer	auditus sim	auditus essem
2인칭단수	audiaris	audireris	auditus sis	auditus esses
3인칭단수	audiatur	audiretur	auditus sit	auditus esset
1인칭복수	audiamur	audiremur	auditi simus	auditi essemus
2인칭복수	audiamini	audiremini	auditi sitis	auditi essetis
3인칭복수	audiantur	audirentur	auditi sint	auditi essent

독해연습(1)

Tum Daedalus gravibus curis commotus filio suo Icaro ita dixit : 《Animus meus, Icare, est plenus tristitiae nec oculi lacrimis egent. Discedere ex Creta, Athenas properare, maxime studeo ; sed rex recusat audire verba mea et omnem reditus spem eripit. Sed nunquam rebus adversis vincar. Terra et mare sunt inimica, sed aliam fugae viam reperiam.》 Tum in artis ignotas animum dimittit et mirum capit consilium. Nam pennas en ordine ponit et veras alas facit.

해석 : 그리고 데달루스는 이카루스 아들에게 말했다 :《이카루스야, 내 눈에 눈물이 없어서도 내 가슴은 슬픔으로 가득 차 있구나. 나는 정말 크레타를 떠나 아테네로 가고 싶지만 왕은 내 말을 들으려 하지 않고 나의 모든 희망을 저버리는구나. 하지만 나는 억압 받지 않겠다. 땅과 바다는 냉담하지만 나는 벗어날 수 있는 다른 방법을 찾아야 한다.》 그리고 확신과 놀라움을 알지 못할 방법 속에 묻어두고, 조언을 구한다. 깃털들을 한 열로 묶어 진정한 날개를 만든다.

05 연결사

① Ut

문장의 맨 앞에 오는 연결사로 두 가지 성향을 가지고 있다. 직설법 문장을 이끌 때는 영어의 As 또는 When의 '~할 때' 의미로 사용된다. 하지만 접속법 문장을 이끌 때는 '긍정적인 바람 또는 의도'를 의미한다.

※ 접속법을 이끄는 ut 대신 quo가 사용되는 경우도 있음.

Monent puerum ut legati credat.
(그들은) 소년에게 장군을 믿도록 조언했다.

Credo ut intellegam.
난 이해하기 위해 믿는다.

Pontem faciunt quo facile oppidum capiant.
(그들은) 쉽게 도시를 장악하기 위해 다리[교각]을 만든다.

② Ne

문장의 맨 앞에 오는 연결사의 성향을 가지는데, 항상 접속법 문장을 이끌며, '부정적인 바람 또는 의도'를 의미한다.

Monent puerum ne legati credat.
(그들은) 소년에게 장군을 믿지 못하도록 조언했다.

Ne silvam timeas.
네가 숲을 두려워하지 않기 위해서.

Fugiunt ne vulnerentur.
(그들이) 상처입지 않기 위해 도망친다.

③ Cum

전치사로서 '~와 함께'라는 의미로 항상 탈격 명사 앞에 나오다. 그런데 문장을 이끌 수 있는 연결사의 역할을 한다. 영어의 As 또는 When의 '~할 때' 의미로 사용되며, 접속법 문장을 항상 이끌게 된다.

Galba, cum in silva ambularet, voces dearum audivit.
숲 속을 걷고 있었을 때, 갈바는 여신들의 목소리를 들었다.

Puella, cum dominam in ludo vidisset, attonita erat.
소녀는 여주인을 학교에서 보았을 때, 놀랐었다.

독해연습(2)

Puer Icarus una stabat et mirum patris opus videbat. Postquam manus ultima alis imposita est, Daedalus eas temptavit et similis avi in auras volavit. Tum alas umeris fili adligavit et docuit eum volare et dixit, 《Te veta, mi fili, adpropinquare aut soli aut mari. Si fluctibus adpropinquaveris, aqua alis tuis nocebit, et si soli adpropinquaveris, ignis eas cremabit.》 Tum pater et filius iter difficile incipiunt. Alas movent et auraesese commitunt. Sed stultus puer verbis patris non paret. Soli adpropinquat. Alae cremantur et Icarus in mare decidit et vitam amittit. Daedalus autem sine ullo periculo trans fluctus ad insulam Siciliam volavit.

해석 : 그 소년 이카루스는 그의 옆에 서 있어 아버지의 멋진 일을 살폈다. 그가 마지막 날개에 손질을 하자 다에달루스 그것을 한번 시도해보고 새 처럼 하늘을 날았다. 그리고 그는 그의 아들에게 날개를 달아주고 나는 법을 가르쳐주고 말했다 : 《내 아들아, 해와 바다 가까이 가는 것을 금지한다. 파도들을 가까이하면 물이 너의 날개를 망가트릴 것이고, 해를 가까이하면 불은 너의 날개를 태워버릴 것이다.》 그리고는 아버지와 아들은 힘겨운 하루를 시작한다. 그들을 날개를 펄럭거려 하늘을 난다. 하지만 어리석을 소년은 아버지의 말을 듣지 않는다. 그는 해를 가까이 한다. 그의 날개는 타버리고 바다로 떨어져 목숨을 잃는다. 하지만 다에달루스는 파도를 가로질러 시칠리 섬으로 문제없이 날아간다.

16 연습 문제

문제 I 다음을 한국어로 번역하시오.

1. Imperator militibus imperavit ut currerent.

2. Hortatus est ut fortiter resisterent.

3. Petivit ut liberis cibum darent.

4. Nobis persuadebit ne proficiscamur.

5. Monet ut domi maneamus.

문제 II 다음을 한국어로 번역하시오.

1. Quis imperavit ut Caesar iter faceret?

2. Perfidi exploratores ei persuaserunt ut prima luce proficisceretur.

3. Ab eo petent ne supplicium sumat.

4. Postulavit ut ad castra venirent.

5. Eos monuit ut omnia narrarent.

6. Caesar milites hortatus est ut fortius pugnarent.

7. Helvetii domos suas reliquerunt ut bellum gererent.

8. Exploratores statim profecti sunt ne a Germanis caperentur.

9. Caesar de eis supplicia sumpsit ut alii terrerentur magis.

10. Nuntios Romam misit ut victoriam nuntiaret.

17 디포넌트(Deponent) 동사

- 형용사의 비교급과 최상급
- 부사

01 디포넌트(Deponent) 동사

'디포넌트' 동사는 그 형태의 변화는 수동형 변화의 형태를 띄고 있지만, 그 의미는 능동으로 번역하는 것을 의미하며, 동사의 목적어는 탈격을 사용해 나타낸다. 절대 대격을 목적어로 사용하지 못한다.

그 동사의 종류는 일반동사와 마찬가지로 4가지 변화형태를 가지고 있다.

① 1변화 동사

Hortor(용기를 주다, hortari)

인칭	현재	불완료과거	미래
1인칭단수	hortor	hortabar	hortabor
2인칭단수	hortaris	hortabaris	hortaberis
3인칭단수	hortatur	hortabatur	hortabitur
1인칭복수	hortamur	hortabamur	hortabimur
2인칭복수	hortamini	hortabamini	hortabimini
3인칭복수	hortantur	hortabantur	hortabuntur

인칭	완료과거	대과거	미래완료
1인칭단수	hortatus sum	hortatus eram	hortatus ero
2인칭단수	hortatus es	hortatus eras	hortatus eris
3인칭단수	hortatus est	hortatus erat	hortatus erit
1인칭복수	hortati sumus	hortati eramus	hortati erimus
2인칭복수	hortati estis	hortati eratis	hortati eritis
3인칭복수	hortati sunt	hortati erant	hortati erunt

② 2변화 동사

Vereor(두려워하다, vereri)

인칭	현재	불완료과거	미래
1인칭단수	vereor	verebar	verebor
2인칭단수	vereris	verebaris	vereberis
3인칭단수	veretur	verebatur	verebitur
1인칭복수	veremur	verebamur	verebimur
2인칭복수	veremini	verebamini	verebimini
3인칭복수	verentur	verebantur	verebuntur

인칭	완료과거	대과거	미래완료
1인칭단수	veritus sum	veritus eram	veritus ero
2인칭단수	veritus es	veritus eras	veritus eris
3인칭단수	veritus est	veritus erat	veritus erit
1인칭복수	veriti sumus	veriti eramus	veriti erimus
2인칭복수	veriti estis	veriti eratis	veriti eritis
3인칭복수	veriti sunt	veriti erant	veriti erunt

③ 3변화 동사

Sequor(따라가다, sequi)

인칭	현재	불완료과거	미래
1인칭단수	sequor	sequebar	sequar
2인칭단수	sequeris	sequebaris	sequeris
3인칭단수	sequitur	sequebatur	sequetur
1인칭복수	sequimur	sequebamur	sequemur
2인칭복수	sequimini	sequebamini	sequemini
3인칭복수	sequuntur	sequebantur	sequentur

인칭	완료과거	대과거	미래완료
1인칭단수	secutus sum	secutus eram	secutus ero
2인칭단수	secutus es	secutus eras	secutus eris
3인칭단수	secutus est	secutus erat	secutus erit
1인칭복수	secuti sumus	secuti eramus	secuti erimus
2인칭복수	secuti estis	secuti eratis	secuti eritis
3인칭복수	secuti sunt	secuti erant	secuti erunt

④ 4변화 동사

Partior(나누다, partiri)

인칭	현재	불완료과거	미래
1인칭단수	partior	partiebar	sequar
2인칭단수	partiris	partiebaris	sequeris
3인칭단수	partitur	partiebatur	sequetur
1인칭복수	partimur	partiebamur	sequemur
2인칭복수	partimini	partiebamini	sequemini
3인칭복수	partiuntur	partiebantur	sequentur

인칭	완료과거	대과거	미래완료
1인칭단수	secutus sum	secutus eram	secutus ero
2인칭단수	secutus es	secutus eras	secutus eris
3인칭단수	secutus est	secutus erat	secutus erit
1인칭복수	secuti sumus	secuti eramus	secuti erimus
2인칭복수	secuti estis	secuti eratis	secuti eritis
3인칭복수	secuti sunt	secuti erant	secuti erunt

02 형용사의 비교급과 최상급

형용사의 비교급은 형용사와 마찬가지로 남성, 여성, 중성의 형태를 모두 가지고 있다. 그런데 비교급의 경우는 그 형태가 남성과 여성의 변화형은 3변화 명사처럼 변화하고, 중성의 경우만 주격과 대격에서 형태가 다르게 사용된다.

비교급을 만들 때, "~보다 더 …하다"에서 비교 대상을 표현하기 위해 영어의 than에 해당하는 것은 quam을 사용한다. 하지만, quam을 사용하지 않을 경우는 비교대상을 탈격으로 사용해 쓸 수 있다.

> Nihil est clarius quam sol.
> 어떤 것도 태양보다 더 밝은 것은 없다.
> = Nihil est clarius sole.

① 1, 2변화 일반 형용사와 비교급, 최상급의 비교

■ 일반 형용사

라틴어 격변화				
격변화 명칭	남성명사	여성명사	중성명사	
Nominative	clarus	clara	clarum	단수
Genitive	clari	clarae	clari	
Dative	claro	clarae	claro	
Accusative	clarum	claram	clarum	
Ablative	claro	clara	claro	
Nominative	clari	clarae	clara	복수
Genitive	clarorum	clararum	clarorum	
Dative	claris	claris	claris	
Accusative	claros	claras	clara	
Ablative	claris	claris	claris	

■ 비교급 형용사

라틴어 격변화				
격변화 명칭	남성명사	여성명사	중성명사	
Nominative	clarior	clarior	clarius	단수
Genitive	clarioris	clarioris	clarioris	
Dative	clariori	clariori	clariori	
Accusative	clariorem	clariorem	clarius	
Ablative	clariore	clariore	clariore	
Nominative	clariores	clariores	clariora	복수
Genitive	clariorum	clariorum	clariorum	
Dative	clarioribus	clarioribus	clarioribus	
Accusative	clariores	clariores	clariora	
Ablative	clarioribus	clarioribus	clarioribus	

■ 최상급형태

격변화 명칭	라틴어 격변화			
	남성명사	여성명사	중성명사	
Nominative	clarissimus	clarissima	clarissimum	단수
Genitive	clarissimi	clarissimae	clarissimi	
Dative	clarissimo	clarissimae	clarissimo	
Accusative	clarissimum	clarissimam	clarissimum	
Ablative	clarissimo	clarissima	clarissimo	
Nominative	clarissimi	clarissimae	clarissima	복수
Genitive	clarissimorum	clarissimarum	clarissimorum	
Dative	clarissimis	clarissimis	clarissimis	
Accusative	clarissimos	clarissimas	clarissima	
Ablative	clarissimis	clarissimis	clarissimis	

② 3변화 일반 형용사와 비교급, 최상급의 비교

■ 일반 형용사

격변화 명칭	라틴어 격변화			
	남성명사	여성명사	중성명사	
Nominative	brevis	brevis	breve	단수
Genitive	brevis	brevis	brevis	
Dative	brevi	brevi	brevi	
Accusative	brevem	brevem	breve	
Ablative	breve	breve	breve	
Nominative	breves	breves	brevia	복수
Genitive	brevium	brevium	brevium	
Dative	brevibis	brevibis	brevibis	
Accusative	breves	breves	brevia	
Ablative	brevibus	brevibus	brevibus	

■ 비교급 형용사

격변화 명칭	라틴어 격변화			
	남성명사	여성명사	중성명사	
Nominative	brevior	brevior	brevius	단수
Genitive	brevioris	brevioris	brevioris	
Dative	breviori	breviori	breviori	
Accusative	breviorem	breviorem	brevius	
Ablative	breviore	breviore	breviore	
Nominative	breviores	breviores	breviora	복수
Genitive	breviorum	breviorum	breviorum	
Dative	brevioribus	brevioribus	brevioribus	
Accusative	breviores	breviores	breviora	
Ablative	brevioribus	brevioribus	brevioribus	

■ 최상급형태

격변화 명칭	라틴어 격변화			
	남성명사	여성명사	중성명사	
Nominative	brevissimus	brevissima	brevissimum	단수
Genitive	brevissimi	brevissimae	brevissimi	
Dative	brevissimo	brevissimae	brevissimo	
Accusative	brevissimum	brevissimam	brevissimum	
Ablative	brevissimo	brevissima	brevissimo	
Nominative	brevissimi	brevissimae	brevissima	복수
Genitive	brevissimorum	brevissimarum	brevissimorum	
Dative	brevissimis	brevissimis	brevissimis	
Accusative	brevissimos	brevissimas	brevissima	
Ablative	brevissimis	brevissimis	brevissimis	

03 불규칙 비교급과 최상급 형태 형용사

[원형]	[비교급]	[최상급]	[의미]
bonus, -a, -um	melior, melius	optimus, -a, -um	좋은
magnus, -a, -um	maior, maius	maximus, -a, -um	큰
malus, -a, -um	peior, peius	pessimus, -a, -um	나쁜
multus, -a, -um	—, plus	plurimus, -a, -um	(셀 수 없는) 많은
multi, -ae, -a	plures, plura	plurimi, -ae, -a	(셀 수 있는) 많은
parvus, -ae, a	minor, minus	minimus, -a, um	작은

04 부사

① 1, 2변화 형용사의 부사화

부사는 남성, 여성, 중성을 구별하지 않기 때문에 그 형태를 만드는 것은 한 가지 방법이 있다. 1, 2변화 형태의 형용사의 경우는 남성단수 어휘 '-us'를 '-e'로 바꾸는 형태가 아주 일반적이다.

격변화 명칭	원급	비교급	최상급
Nominative	clarus 밝은	clarior 더 밝은	clarissimus 제일 밝은
Adv.	clare 밝게	clarius 더 밝게	clarissime 제일 밝게

격변화 명칭	원급	비교급	최상급
Nominative	pulcher 예쁜	pulchrior 더 예쁜	pulcherissimus 제일 예쁜
Adv.	pulchre 예쁘게	pulchrius 더 예쁘게	pulcherissime 제일 예쁘게

격변화 명칭	원급	비교급	최상급
Nominative	liber 자유로운	liberior 더 자유로운	liberissimus 제일 자유로운
Adv.	libere 자유롭게	liberiore 더 자유롭게	liberissime 제일 자유롭게

② 3변화 형용사의 부사화

3변화의 경우는 1변화와는 다르게 원급형용사 뒤에 그 어미에 'iter 또는 ~ter'가 붙는 것에 유의를 한다.

격변화 명칭	원급	비교급	최상급
Nominative	fortis 강한	fortior 더 강한	fortissimus 제일 강한
Adv.	fortiter 강하게	fortiore 더 강하게	fortissime 제일 강하게

격변화 명칭	원급	비교급	최상급
Nominative	audax 용감한	audacior 더 용감한	audacissimus 제일 용감한
Adv.	audacter 용감하게	audaciore 더 용감하게	audacissime 제일 용감하게

③ 불규칙형태 부사

bene	좋게
melius	더 좋게
optime	가장 좋게
diu	오랜 동안
diutius	더 길게
diutissime	가장 길게
magnopere	크게
magis	더 크게
maxime	가장 크게
parum	작게
minus	더 적게
minime	가장 작게
saepe	자주
saepius	더 자주
saepissime	아주 자주

독해연습(부사편)

① Quaedam gentes ab hostibus suis facile superantur.
② Germania Gallia multo maior est.
③ Nonne Romani inter Italiae gentes potentissimi erant?
④ Miles propter vulnera difficillime e fossa corpus suum traxit.
⑤ Neque fugere neque pugnare poterat.
⑥ Qui eum servavit? Eques quidam rem audacter suscepit.
⑦ Rumores de militis morte veri non erant.

해석 : ① 어떤 나라들은 그들의 적들을 쉽게 물리쳤다.
　　　② 독일은 프랑스보다 훨씬 크다.
　　　③ 이탈리아 부족사이에 로마국가들이 가장 힘세지 않니?
　　　④ 상처를 입은 군인이 도랑에서부터 그의 몸을 매우 어렵게 끌었다.
　　　⑤ 그는 뛸 수도 싸울 수도 없었다.
　　　⑥ 누가 그를 보호했을까?
　　　⑦ 군인들의 죽음에 관한 소문들은 사실이 아니었다.

17 연습 문제

문제 다음을 한국어로 번역하시오.

1. Helvetii legatos mittunt ut pacem petant.

　

2. Prima luce proficiscuntur ut ante noctem iter longius faciant.

3. Mulieres in silvas abdent ne capiantur.

4. Galli bella multa gerunt ut patriam suam a servitute liberent.

5. Romanis fortiter resistent ne deleantur.

6. Caesar milites hortatus est ut fortius pugnarent.

7. Helvetii domos suas reliquerunt ut bellum gererent.

8. Exploratores statim profecti sunt ne a Germanis caperentur.

9. Caesar de eis supplicia sumpsit ut alii terrenrentur magis.

10. Nuntios Romanos misit ut victoriam nuntiaret.

11. Quis Caesarem iter facere iussit.

12. Perfidi exploratores ei persuaserunt ut prima luce proficiscerentur.

13. Ab eo petent ne supplicium sumat.

14. Postulavit ut ad castra venirent.

15. Eos monuit ut omnia narrarent.

문제 II 다음을 한국어로 번역하시오.

1. Omnium avium velocissima est aquila.

2. Quaedam animalia celerior sunt quam equus celerrimus.

3. Nomen Romanum invisissimum erat hostibus rei publicae.

4. Romani de soccis perfidis supplicium gravissimum semper sumpserunt.

5. Aegrior eram, itaque ab urbe rus properavi.

6. Marcus alliquos amicos cariores quam Caesarem habebat.

7. Nonne de proelio famam recentiorem quaesivisti?

8. Ne post victoriam tam opportunam quidem amicitiam imperatoris quaesivit.

9. Quam urbem Roma pulchriorem vidisti

10. Galli Germanis alacriores non erant.

11. Aquila equo tardior non est.

12. Mulier alacris noctu iter facere non timuit.

13. Multitudinis animi leniores amicoresque erat.

14. Sed regis mens dissimillima erat.

15. Rex nobili patri suo similis non erat.

16. Colles illi humiliores sunt quam finium nostrorum ingentes montes.

18 가정법

― 수사

01 가정법

라틴어에서 가정법은 영어와는 많은 차이를 두고 있다. 기본적으로 접속법 (Subjuntive)을 사용하면, 예측할 수 없는 상황을 희망 또는 절망으로 이야기할 수 있기 때문에 별도로 가정법이라는 것을 염두에 두지 않는다. 그런데 영어의 if절과 같은 형태가 라틴어에도 존재한다는 것이다. 라틴어에서는 「si + 주어 + 동사~」의 절의 형태를 띠게 되는데, 가능성이 다소 많을 때는 직설법을 사용하며, 가능성이 다소 낮을 때는 접속법을 사용하는 경우가 있다는 것을 알아야 한다.

① 가정법 현재(가능성 많은 경우)

Si Lesbia legatum amat, ipse laetus est.
만약 레스비아가 장군을 사랑한다면, 그는 좋아할 것이다.
『Si 주어+동사(직설법현재)~, 주어+동사(직설법현재)』

② 가정법 현대(가능성이 낮은 경우)

Si Lesbia legatum amet, ipse laetus sit.
만약 레스비아가 장군을 사랑한다면, 그는 좋아할 텐데.
『Si 주어+동사(접속법현재)~, 주어+동사(접속법현재)』

③ 가정법 과거

>Si Lesbia legatum amabat, ipse laetus erat.
>만약 레스비아가 장군을 사랑했다면, 그는 좋아했을 것이다.
>『Si 주어+동사(직설법 불완료과거)~, 주어+동사(직설법 불완료과거)』

④ 가정법 미래

>Si Lesbia legatum amabit, ipse laetus erit.
>만약 레스비아가 장군을 사랑한다면, 그는 좋아할 것이다.
>『Si 주어+동사(직설법미래)~, 주어+동사(직설법미래)』

⑤ 가정법 미래완료

>Si Lesbia legatum amaverit, ipse laetus erit.
>만약 레스비아가 장군을 사랑한다면, 그는 좋아할 것이다.
>『Si 주어+동사(직설법미래완료)~, 주어+동사(직설법미래)』

02 가정법 혼합 형태

가정법의 형태는 일반적으로 고정된 공식처럼 사용된다. 해석할 때도 '만약 ~한다면, …' 라는 식으로 해석을 한다. 하지만 주절의 형태는 si절의 형태와 다르게 인정되는 다른 형태도 존재한다. 그 형태는 다음과 같다.

① 접속법과 직설법의 혼용

가정법 과거는 현재사실의 반대이며, 가정법 대과거는 과거사실의 반대이다. 그렇다면 가정법 현재는 미래사실의 반대를 언급하는 것이 일반적인 형태이다. 그 가능성이 높을 때는 직설법을 가능성이 낮을 때는 접속법을 썼는데, 이러한 상황을 적절하게 잘 이용한 혼합시제는 다음과 같다.

Essetne legatus laetus, si Lesbia eum amavisset?
레스비아가 그를 좋아했었다면, 장군은 좋아했을 것이다.
『Si 주어+동사(접속법대과거)~, 주어+동사(직설법불완료과거)』

※ 장군의 행위가 대과거에 일어났기 때문에 과거사실에서는 반대의 현상이 벌어져야 하고, 그러나 실질적으로 'Si~절'에서 과거의 반대현상으로 이야기한 것이지만, 주절에서 현실적으로 그 가능성이 높을 때는 직설법을 사용하기도 한다.

② 접속법과 직설법의 혼용(주절이 직설법일 때)
Si Lesbia legatum amat, gaudeamus.
만약 레스비아가 장군을 좋아한다면, 우리는 기쁠 것이다.
『Si 주어+동사(직설법현재)~, 주어+동사(접속법현재)』

③ 명령 및 권유 표현을 사용할 때
Si putatis Lesbia legatum amare, gaudete.
만약 네 생각에 레스비아는 장군을 사랑한다면, 너희들은 기뻐해라.
『Si 주어+동사(직설법현재)~, 주어+동사(명령형)』

● 독해연습(1)

Cepheus, adversa fortuna maxime commotus, discessit et multis cum lacrimis populo Aethiopiae verba oraculi narravit. Fata Andromedae, puellae pulchrae, a toto populo deplorabantur, tamen nullum erat auxilium. Deinde Cepheus cum pleno tristitiae animo caram suam filiam ex oppidi porta ad aquam duxit et bracchia eius ad saxa dura revinxit. Tum amici puellae miserae longe discesserunt et diu monstrum saevum exspectaverunt. Tum forte Perseus, alis fretus, super Aethiopiam volabat. Vidit populum, Andromedam, lacrimas, et, magnopere attonitus, ad terram descendit. Tum Cepheus ei totas curas narravit et ita dixit: "Parebo verbis oraculi, et pro patria filiam meam dabo; sed si id monstrum interficies et Andromedam servabis, tibi eam dabo."

해석 : 불운에 의해서 최고로 낙심한 체페우스는 말했고, 많은 눈물로 에티오피아의 사람들에게 예언자의 말을 전했다. 아름다운 소녀인 안드로메다의 운명에 모든 사람들이 슬퍼했지만, 누구도 도움이 될 수 없었다. 그때 슬픔에 젖어 있는 체페우스가 소중한 그의 딸을 도시에서 데리고 물가로 이끌었고, 그녀의 팔을 단단한 돌들에 묶었다. 그때 불행한 소녀의 오랜 친구들은 떠났고, 그날 사나운 괴물이 나타나기로 되어있었다. 그때, 날개의 도움을 받은 강인한 페르세우스가 에티오피아 위로 날아왔다. 슬퍼하는 사람들과 안드로메다를 본 페르세우스는 크게 놀랐고 땅으로 내려왔다. 그때 체페우스가 그에게 모든 염려를 말하고, 이에 따라 말했다: "신탁의 말을 따를 것이다, 그리고 조국을 위해 내 딸을 줄 것이다. 하지만 저 괴물을 죽이고 안드로메다를 지켜준다면, 너에게 그녀를 주겠다."

03 수사

라틴어의 숫자는 단독으로 사용하 때, 남성 주격을 사용한다. 이 경우는 1~3까지만 해당하고, 4부터는 격변화가 존재하지 않음을 알아둔다.

라틴어 격변화				
격변화 명칭	1 남성형	1 여성형	1 중성형	
Nominative	unus	una	unum	단수
Genitive	unius	unius	unius	
Dative	uni	uni	uni	
Accusative	ununm	unam	unum	
Ablative	uno	una	uno	

※ 〈1〉의 경우는 단수형만 존재함.

라틴어 격변화				
격변화 명칭	2 남성형	2 여성형	2 중성형	복수
Nominative	duo	duae	duo	
Genitive	duorum	duarum	duorum	
Dative	duobus	duabus	duobus	
Accusative	duos	duas	duo	
Ablative	duobus	duabus	duobus	

※ 〈2〉의 경우는 복수형만 존재함.

라틴어 격변화				
격변화 명칭	3 남성형	3 여성형	3 중성형	복수
Nominative	tres	tres	tria	
Genitive	trium	trium	trium	
Dative	tribus	tribus	tribus	
Accusative	tres	tres	tria	
Ablative	tribus	tribus	tribus	

※ 〈3〉의 경우는 복수형만 존재함.

① 기수

숫자의 경우는 1~3의 숫자의 경우 성에 따른 변화와 격변화를 하고, 이외에 200~900단위에서도 남성, 여성, 중성의 구별과 격변화를 하게 된다.

1 unus, una, unum
2 duo, duae, duo
3 tres, tria
4 quattuor
5 quinque
6 sex
7 septem
8 octo
9 novem
10 decem
11 undecim
12 doudecim
13 tredecim
14 quattuordecim
15 quindecim
16 sedecim
17 septendecim
18 duodeviginti
19 undeviginti
20 viginti
21 viginti unus
 = unus et viginti
22. viginti duo
 = duo et viginti

30 triginta
40 quadraginta
50 quinquaginta
60 sexaginta
70 septuaginta
80 octoginta
90 nonaginta
100 centum   101 centum unus(= centum et unus)
200 ducenti, -ae, -a
300 trecenti, -ae, -a
400 quadringenti, -ae, -a
500 quingenti, -ae, -a
600 sescenti, -ae, -a
700 septingenti, -ae, -a
800 octingenti, -ae, -a
900 nongenti, -ae, -a
1,000 mille
2,000 duo milia
10,000 decem milia
100,000 centum milia

② 서수
서수는 남성, 여성, 중성이 모두 존재하는 형태이다.

1번째 primus   11번째 undecimus
2번째 secundus   12번째 duodecimus
3번째 tertius   13번째 trertius decimus
4번째 quartus   14번째 quartus decimus
5번째 quintus   15번째 quintus decimus
6번째 sextus   16번째 sextus decimus
7번째 septimus   17번째 septimus decimus
8번째 octavus   18번째 duodevicesimus

9번째 nonus
10번째 decimus

19번째 undevicesimus
20번째 vicesimus

21번째 vicesimus primus
22번째 vicesimus secundus

30번째 tricesimus
40번째 quadragesimus
50번째 quinquagesimus
60번째 sexagesimus
70번째 septuagesimus
80번째 octogesimus
90번째 nonagesimus
100번째 centesimus   101번째 centesimus primus

200번째 duocentesimus
300번째 trecentesimus
400번째 quadringentesimus
500번째 quingentesimus
600번째 sescentesimus
700번째 septingentesimus
800번째 octingentesimus
900번째 nongentesimus
1,000번째 millesimus
2,000번째 bis millesimus
10,000번째 decies millesimus
100,000번째 centies millesimus

독해연습(2)

Perseus semper proelio studebat et respondit, "Verba tua sunt maxime grata," et laetus arma sua magica paravit. Subito monstrum videtur celeriter per aquam properat et Andromedae adpropinquat. Eius amici longe absunt et misera puella est sola. Perseus autem sine mora super aquam volavit. Subito descendit et duro gladio saevum monstrum graviter vulneravit. Diu pugnatur, diu proelium est dubium. Denique autem Perseus monstrum interfecit et victoriam reportavit. Tum ad saxum venit et Andromedam liberavit et eam ad Cepheum duxit. Is, nuper miser, nunc laetus, ita dixit: "Tuo auxilio, mi amice, cara filia mea est libera; tua est Andromeda." Diu Perseus cum Andromeda ibi habitabat et magnopere a toto populo amabatur.

해석 : 페르세우스는 언제나 전쟁에 열을 올리며, 답했다. "네 말은 최고로 즐겁다." 그리고 그는 즐거워하며 자신의 마법 무기들을 준비했다. 갑자기 괴물이 나타났다. 그는 빠르게 물을 통해서 진격해서 안드로메다에게 다가갔다. 그녀의 오랜 친구들은 멀리 떨어져 있었고, 불쌍한 소녀는 혼자였다. 그러나 페르세우스는 지체 없이 물위로 날았다. 그는 갑자기 내려와서 단단한 검을 가지고 무서운 괴물을 심각하게 상처 입혔다. 하루는 싸우게 되고, 하루는 전쟁인 듯 했다. 그러나 결국 페르세우스는 괴물을 죽였고, 승리를 가져왔다. 그리고 바위로 가서 안드로메다를 자유롭게 하고 그녀를 체페우스에게로 이끌었다. 한때 불행했지만, 지금은 행복한 그가 이렇게 말했다: "너의 도움으로, 나의 친구여, 아름다운 나의 딸이 자유롭게 되었다; 안드로메다는 너의 것이다." 페르세우스와 안드로메다가 한동안 그곳에서 살았고, 모든 사람들로부터 크게 사랑받았다.

18 연습 문제

문제 I 다음을 한국어로 번역하시오.

1. Si Lesbia discedat, Marcus maxime doleat.

   _____

2. Nisi Galba poeta fuisset, Lesbia eum non amavisset.

   _____

3. Si vales, Lesbia, gaudeo.

   _____

4. Si pulchram Lesbiam vidisses, certe eam amavisses.

   _____

5. Si Lesbiam in martimonium ducere velim, dicatne "Ita vero"?

   _____

6. Mortuus essem, nisi mea puella mihi mille basia daret.

   _____

7. Si meam Lesbiam ames, Marce, misero mihi intestina eripias.

   _____

8. Si navis mihi non fuisset, ad Sirmionem navigare non potuissem.

   _____

문제 다음을 한국어로 번역하시오.

1. Caesar maximam partem aedificiōrum incendit.

2. Magna pars mūnītiōnis aquā flūminis dēlēta est.

3. Gallī huius regiōnis quīnque mīlia hominum coēgerant.

4. Duo ex meīs frātribus eundem rūmōrem audīvērunt.

5. Quis Rōmānōrum erat clarior Caesare?

6. Quīnque cohortēs ex illā legiōne castra quam fortissimē dēfendēbant.

7. Hic locus aberat aequō spatiō ab castrīs Caesaris et castrīs Germānōrum.

8. Caesar simul atque pervēnit, plūs commeātūs ab sociīs postulāvit.

9. Nōnne mercātōrēs magnitūdinem īnsulae cognōverant? Longitūdinem sed nōn lātitūdinem cognōverant.

10. Paucī hostium obtinēbant collem quem explōrātōrēs nostrī vīdērunt.

11. Caesar a flumine milia passum duo castra posuit.

    _____

12. Castra fossa quindecim pedes lata et vallo novem pedes alto munivit.

    _____

13. Postridie decem milia passuum horis tribus.

    _____

14. Subito hostes omnibus copiis in novissimum agmen impetum fecerunt.

    _____

15. Horas duas Romani a barbaris pressi sunt.

    _____

16. Horis tribus post barbari fugiebant.

    _____

라틴어 어휘

a (ab)	*prep.* ~에서, ~로부터 ; ~에게서부터, ~한테서 [일반적으로 h를 제외한 자음 어휘 앞에 사용][+ 탈격]
abdo	-didi -ditus -dere *v.* 숨겨놓다, 옮기다, 치우다
abduco	-duxi -ductus -ducere *v.* 데리고 가다, 인솔하다, 끌어가다 ; 이탈시키다, 제거하다, 곁으로 이끌다
abscido	-cidi -cisus -cidere *v.* 잘라내다, 떼어내다 ; 중단하다
absum	afui -afuturus -abesse *v.* 결석하다, 떠나 있다, 있지 않다 ; 떨어져 있다
ac	*conj.* 그리고, 그래서, 그러므로, 그래서 더욱이 [자음 어휘 앞에서 사용되는 접속사]
accipio	-cepi -ceptus -cipere *v.* 받다, 영수하다, 입수하다 ; 수용하다 ; 대우하다, 모시다
acer	-cris -cre *adj.* 뾰족한, 날카로운, 예리한 ; 매운, 코를 찌르는, 따가운
acerbus	-a, -um *adj.* 쓴, 시큼한
acies	-ei *f.* 모서리 ; 검의 날
acriter	*adv.* 날카롭게, 사납게
ad	*prep.* 향하여, 반하여. [+ 대격]
adaequo	-are -avi -atus *v.* 동등하게 하다
adduco	-xi -etum -ere *v.* 이끌다 ; 자라다, 성장하다
adeo	-ii (ivi) -itum -ire *v.* 접근하다. [+ 대격]
adfero	-tuli -iatum *v.* 가져 오다
adficio	-feci -fectum -ere *v.* 영향을 주다 ; 다루다 ; 무언가를 주다
adflictatus	-a -um *adj.* 엄청난 충격을 받은

adfligo	(aff) -flixi -flictum -ere *v.* 달려들다 ; 부서지다 ; 뒤엎다
adhibeo	-bui -bitum -ere *v.* 고용하다, 곁에 두다
adhuc	*adv.* 이정도로, 이 점으로
aditus	-us *m.* 접근
adligo	(all) -avi -utum -are *v.* 속박하다
adloquor	(all) -locutus -loqui *v.* 말을 걸다. [＋대격]
administro	-are -avi -atus *v.* 운영하다, 지휘하다
admiratio	-onis *n.* 감탄, 깜짝 놀람
admoveo	-movi -motum -ere *v.* 실행하다 ; 적용
adpropinquo	-are -avi -atus *v.* 접근하다, 다가오다 [＋여격]
adsum	-fui -futurus -esse *v.* ～에 있다 ; 가까이에 있다. [＋여격]
adulescens	-entis *m. f.* 젊은이
adventus	-us *m.* 접근, 도착
adversus	-a, -um *adj.* ～을 보고있는, ～을 향한 ; ～와 반대되는, 부정적인
aedificium	aedifici *n.* 건축물, 건물
aedifico	-are, -avi, -atus *v.* 짓다
aeger	aegra, aegrum *adj.* 아픈, 약한
aequalis	-e *adj.* 동등한, 비슷한
aequus	-a, -um *adj.* 대등한, 비슷한 ; 동등한
Aesopus	-i *m.* 우화 작가
aestas	-atis *f.* 여름
aetas	-atis *f.* 나이
Aethiopia	-ae *f.* 에티오피아. 아프리카에 있는 국가
Africa	-ae *f.* 아프리카
Africanus	-a, -um *adj.* 아프리카의. 아프리카에서의 승리들 때문에 Scipio에게 붙여진 별명
ager	agri *m.* 밭, 땅, 농장
agger	-eris *m.* 흙무더기
agmen	-inis *n.* 행진 중인 부대
ago	-ere, egi, actus *v.* 운전하다, 이끌다 ; 행하다, 공연하다
agricola	-ae *m.* 농부
agri cultura	-ae *f.* 농업
ala	-ae *f.* 날개

alacer	-cris, -cre *adj.* 활동적인, 열렬한
alacritas	-atis *f.* 열렬함, 활발함
alacriter	*adv.* 열렬히, 열심히
albus	-a, -um *adj.* 흰색의
alces	-is *f.* 엘크
Alcmena	-ae *f.* Alcmena. 헤르클레스의 어머니
aliquis	(-qui), -qua, quid, (-quod) *indef. pron.* 어떤사람, 어떤 일부
alius	-a, -ud (속격 -ius, 여격 -i) *adj.* 또 다른, 다른
	alius... alius 하나… 또 다른 하나…
Alpes	-ium *f.* 복수. 알프스 산맥
alter	-era, -erum *adj.* (둘 중에) 하나, 또 다른 하나
altitudo	-inis *f.* 높이
altus	-a, -um *adj.* 높은, 깊은
Amazones	-um *f. pl.* Amazons. 전설적인 호전적인 여성 부족
ambo	-ae, -o *adj.* 둘다
	duo 같은 변화형
amice	*adv.* 친절하게
amicio	-ire, -ictus *v.* 두르다, 옷을 입히다
amicitia	-ae *f.* 친분, 우정
amicus	-a, -um *adj.* 친절한
amitto	-ere, -misi, -missus *v.* 보내다, 잃다
amo	-are, -avi, -atus *v.* 사랑하다, 좋아하다, ~을 예뻐하다
amphitheatrum	-i *n.* (고대 로마의) 원형 극장
amplus	-a, -um *adj.* 큰, 풍부한 ; 고귀한, 고결한
an	*conj.* 또는 (질문의 두 번째 부분을 소개하는 역할을 함.)
ancilla	-ae *f.* 하녀
ancore	-ae *f.* 닻
Andromeda	-ae *f.* Andromeda. Cepheus의 딸이자 Perseus의 아내.
angulus	-i *m.* 구석, 모서리
anim-adverto	-ere, -ti, -sus *v.* 알아채다, 생각을 ~에 집중시키다
animal	-alis *n.* 동물
animosus	-a, -um *adj.* 기백이 넘치는

animus	-i *m.* 마음, 정신 ; 용기, 느낌(이런 뜻에서는 주로 복수로 쓰임)
annus	-i *m.* 년, 해
ante	*prep.* ～전에 [+ 대격]
antea	*adv.* 전에, 이전에
antiquus	-a, -um *adj.* 예전의, 오래된, 늙은
aper	apri *m.* 야생 맷돼지
Apollo	-inis *m.* 아폴로. 주피터와 라토나의 아들이자 다이아나의 형제
appareo	-ere, -ui *v.* 등장하다
appello	-are, -avi, -atus *v.* 이름으로 부르다, 이름을 붙이다
Appius	-a, -um *adj.* 아피아의
Applico	-are, -avi, -atus *v.* 적용하다, 감독하다, 돌리다
apud	*prep.* ～의 가운데 ; ～에서, ～의 집에서 [+ 대격]
aqua	-ae *f.* 물
aquila	-ae *f.* 독수리
ara	-ae *f.* 제단
arbitror	-ari, -atus sum *v.* 생각하다, 추측하다
arbor	-oris *f.* 나무
Arcadia	-ae *f.* Arcadia (그리스 남부에 있는 지역)
ardeo	-ere, -arsi, arsurus *v.* 불에 타다, 활활 타다
arduus	-a, -um *adj.* 가파른
Aricia	-ae *f.* Aricia. 로마 근처에, 아피아 가도에 있는 마을
aries	-etis *m.* 공성 망치
arma	-orum *n.* 복수. 무기
armatus	-a, -um *adj.* 무장된, 장비를 갖춘
aro	-are, -avi, atus *v.* 경작하다, 갈다
ars	artis *f.* 기예, 기술
articulus	-i *m.* 관절
ascribo	-ere, -scripsi, -scriptus *v.* 이름을 명부에 올리다, 입대하다
Asia	-ae *f.* 아시아
at	*conj.* 하시만
Athenae	-arum *f.* 복수. 아테네
Atlas	-antis *m.* 아틀라스. 하늘을 들어올린다는 타이탄

atque	ac *conj.* 그리고, 또한, 게다가 atque는 모음이나 자음 앞 둘다. ac는 자음 앞에서만 쓰일 수 있음
attentus	-a, -um *adj.* 주의를 기울이는, 몰두하는, 조심하는
attonitus	-a, -um *adj.* 매우 놀란, 충격받은
audacia	-ae *f.* 대담함, 뻔뻔함
audacter	*adv.* 대담하게 [비교 audacius, audacissime]
audax	-acis *adj.* 대담한
audeo	-ere, ausus sum *v.* ~할 엄두를 내다
audio	-ire, -ivi 또는 -ii, itus *v.* 듣다, 귀를 기울이다
Augeas	-ae *m.* Augeas. 헤라클레스가 청소한 마구간의 주인인 왕
aura	-ae *f.* 미풍, 공기
auratus	-a, -um *adj.* 금으로 치장된
aureus	-a, -um *adj.* 금의 속성을 지닌
aurum	-i *v.* 금
aut	*conj.* 또는 [aut... aut, ~또는 ~]
autem	*conj.* 하지만, 게다가, 그러나, 지금은 [주로 두 번째 절에서 쓰이며, 첫 번째 절에서는 절대 쓰이지 않음.]
auxilium	auxili 복수 auxiliaries *n.* 도움, 구원, 협조
averto	-ere, -ti, -sus 돌리다, 다른 쪽으로 돌리다
avis	-is *f.* 새
ballista	-ae *f.* 포탄을 날릴 때 사용되던 엔진
balteus	-i *m.* 혁대, 검을 채우는 혁대
barbarus	-i *m.* 야만인
bellum	-i *v.* 전쟁
bene	*adv.* 좋게 비교: melius, optime
benigne	*adv.* 친절하게 [비교: benignius, benignissime]
benignus	-a, -um *adj.* 성격이 좋은, 친절한 [주로 여격과 함께 사용.]

bini	-ae, -a *adj.* 두 개씩, 한 번에 두 개
	[일정한 수량에서 하나하나를 일컫는 형용사]
bis	*adv.* 두 번
bonus	-a, -um *adj.* 좋은, 친절한
	[비교: melior, optimus]
bos	bovis *m. f.* 소
bracchium	bracchi *n.* 팔
brevis	-e *adj.* 짧은
Brundisium	-i *n.* 남부 이탈리아에 있는 항구 "Brundisium"
bulla	-ae *f.* 스프링으로 연결된, 오목한 금판으로 만들어진 장신구
C.	"Gaius"의 준말. (영어: Caius)
cado	-ere, cecidi, casu *v.* 떨어지다, 넘어지다
caedes	-is *f.* (자르는 행위), 살육, 살인
caelum	-i *n.* 하늘, 천국
Caesar	-aris *m.* Caesar (카이사르), 로마의 유명한 장관, 정치인, 시인
calamitas	-atis *f.* 소실, 재난, 패배, 재해
calcar	-aris *v.* 박차
Campania	-ae *f.* 중부 이탈리아의 한 지역
Campanus	-a, -um *adj.* Campania의
campus	-i *m.* 들판. 특히
	로마의 성벽 바로 밖 티베르 강에 따라 있는 Campus Martius
canis	-is *m. f.* 개
cano	-ere, cecini *v.* 노래하다
canto	-are, -avi, -atus *v.* 노래하다
Capenus	-a, -um *adj.* Capena의. 특히, 아피아 가도로 가는 로마의 성문 Porta Capena
capio	-ere, cepi, captus *v.* 가지다, 쥐다, 포획하다
Capitolinus	-a, -um *adj.* Capitol에 해당하는. Capitoline
Capitolium	Capitoli *n.* Capitol. Jupiter Capitolinus 신전과 도시가 있던 로마의 언덕
capsa	-ae *f.* 책을 담는 상자
captivus	-i *m.* 포로
capua	-ae *f.* Campania의 큰 도시인 Capua
caput	-itis *n.* 머리

157

carcer	-eris *m.* 감옥
carrus	-i *m.* 수레, 마차
carus	-a, -um *adj.* 귀중한, 소중한
casa	-ae *f.* 오두막, 집
castellum	-i *n.* 성채, 요새
castrum	-i *n.* 요새 [주로 복수로 사용됨.]
casus	-us *m.* 기회 ; 불운, 손실
catapulta	-ae *f.* Catapult ; 돌을 날리는 기계
catena	-ae *f.* 사슬
caupona	-ae *f.* 여관
causa	-ae *f.* 이유, 원인
cedo	-ere, cessi, cessurus *v.* 돌아가다, 포기하다, 승복하다
celer	-eris, -ere *adj.* 날쌔다, 재빠르다
celeritas	-atis *f.* 속도, 빠른 정도
celeriter	*adv.* 빠르게 비교: celerius, celerrime
cena	-ae *f.* 저녁식사
centum	*adj.* 백 개의 [확실하지 않은 수량을 나타낼 때 사용되는 형용사]
centurio	-onis *m.* Centurion, 대위
Cepheus	-ei *m.* 체페우스. 에티오피아의 왕이자 안드로메다의 아버지인 Cepheus 왕
Cerberus	-i *m.* Hades의 입구를 지키는, 머리를 세 개 지닌 전설 속의 개
certamen	-inis *n.* 노력, 경쟁, 대항
certe	*adv.* 당연히, 확실히
certus	-a, -um *adj.* 고정된, 확실한, 당연한
cervus	-i *m.* 사슴
cesso	-are, -avi, -atus *v.* 지연시키다, 정지하다
cibaria	-orum, plural *n.* 음식, 예비 식량
cibus	-i *m.* 음식, 양식
Cimbri	-orum, plural *m.* Cimbri의 것
cimbricus	-a, -um *adj.* Cimbri의

cinctus	a, -um *adj.* 둘레, 둘러싸인
cingo	-ere, cinxi, cinctus *v.* 둘레, 둘러싸다
circiter	*part.* ~에 대한
circum	[+ 대격] ~를 둘러
circumdo	-dare, -dedi, -datus *v.* ~주위에 배치시키다, 둘러싸다, 에워싸다
circumeo	-ire, -ii, -itus *v.* ~를 피해 가다
circumsisto	-ere, circumsteti *v.* ~를 둘러서 서다, ~를 둘러싸다
circumvenio	-iere, -veni, -ventus *v.* ~를 둘러서다
citerior	-ius *adj.* 더욱 가까이, 가까이
civilis	-e *adj.* 문명 사회의, 정중한
civis	-is *m. f.* 시민
civitas	-atis *f.* 시민들, 국가, 시민권
clamor	-oris *m.* 소리치다, 외치다
clarus	-a, -um *adj.* 맑다, 유명하다, 밝다, 빛나다
classis	-is *f.* 함대
claudo	-ere, -si, -sus *v.* 닫다
clavus	-i *m.* 줄무늬
cliens	-entis *m.* 보유자, 의지하고 있는 사람, 의뢰인
Cocles	-itis *m.* Horatius의 성인 Cocles
cognosco	-ere, -gnovi, -gnitus *v.* 배우다, 알다, 이해하다
cogo	-ere, coegi, coactus *v.* 함께 운전하다, 모으다, 강제하다, 운전하다
cohors	cohortis *f.* 보병대. 고대 로마 군단의 열 번째 집단. 360여 명 정도로 구성되어 있음
collis	-is *m.* 언덕
collum	-i *n.* 목
colo	-ere, colui, cultus *v.* 경작하다, 양성하다 ; 존경하다, 숭배하다 ; ~에 전념하다
columna	-ae *f.* 기둥
com	*pref.* ~와 함께
coma	-ae *f.* 머리카락
comes	-itis *m. f.* 동지, 동료
comitatus	-us *m.* 호위
comitor	-ari, -atus sum *v.* 동행하다

com-meatus	-us *m.* 저장품
com-minus	*adv.* 접근해서
com-mitto	-ere, -misi, -missus *v.* 합치다 ; 저지르다
commode	*adv.* 편리하게, 맞게
commodus	-a, -um *adj.* 적당한, 맞는
com-motus	-a, -um *adj.* 흥분한, 감동한
com-paro	-are, -avi, -atus *v.* 준비하다 ; 제공하다, 구하다
com-pleo	-ere, -plevi, -pletus *v.* 가득 채우다
complexus	-us *m.* 포옹
com-primo	-ere, -pressi, -pressus *v.* 함께 누르다, 붙잡다, 움켜잡다
con-cido	-ere, -cidi *v.* 넘어지다
concilium	concili *n.* 모임, 회의
con-cludo	-ere, -clusi, -clusus *v.* 닫다 ; 끝나다
con-curro	-ere, -curri, -cursus *v.* 함께 달리다 ; 모이다
condicio	-onis *f.* 협정, 상황, 조건
con-dono	-are, -avi, -atus *v.* 용서하다
con-duco	-ere, duxi, -ductus *v.* 고용하다
con-fero	-ferre, -tuli, -latus *v.* 불러 모으다
con-fertus	-a, -um *adj.* 붐비는, 빽빽한
confestim	*adv.* 곧, 즉각
con-ficio	-ere, -feci, -fectus *v.* 만들다, 완성하다, 이루다, 끝내다
con-firmo	-are, -avi, -atus *v.* 설립하다, 확언하다, 강하게 하다
con-fluo	-ere, -fluxi *v.* 함께 흐르다
con-figio	-ere, -fugi, -fugiturus *v.* 달아나다
con-icio	-ere, -ieci, iectus *v.* 세게 던지다
con-iungo	-ere, -iunxi, iunctus *v.* 함께 하다, 결합하다
con-iuro	-are, -avi, -atus *v.* 맹세로 결합하다, 공모하다
con-loco	-are, -avi, -atus *v.* 배치하다, 두다
conloquium	conloqui *n.* 대화, 회의
conor	-ari, -atus sum, dep *v.* 노력하다, 시도하다, 도전하다
con-scendo	-ere, scendi, -scensus *v.* 오르다
con-scribo	-ere, -scripsi, -scriptus *v.* 함께 쓰다, 명부에 올리다

con-secro	-are, -avi, -atus, 바치다 *v.* 봉헌하다
con-sequor	-sequi, -secutus sum *v.* 쫓다 ; 이기다 ; 추월하다
con-servo	-are, -avi, -atus *v.* 저장하다, 저축하다
consilium	consili *n.* 계획, 의도 ; 지혜
con-sisto	-ere, -stiti, -stitus *v.* 꼿꼿이 서다, 멈추다, ~을 주장하다
con-spicio	-ere, -spexi, spectus *v.* 보다, 감지하다
constantia	-ae *f.* 단단함, 확고함, 결의가 굳음
con-stituo	-ere, -ui, -utus *v.* 결정하다, 확고히 하다, 결심하다
con-sto	-are, -stiti, -staturus *v.* 동의하다 ; 확신하다 ; ~로 이루어지다
consul	-ulis *m.* 영사
con-sumo	-ere, -sumpsi, -sumptus *v.* 소비하다
con-tendo	-ere, -di, -tus *v.* 잡아당기다 ; 서두르다 ; 싸우다, 다투다
con-tineo	-ere, -ui, -tentus *v.* 함께 잡다, ~을 둘러싸다 ; 저지하다
contra	*prep.* [+ 대격] ~와 반대로
con-traho	-ere, -traxi, -tractus *v.* 함께 당기다 ; 줄이다, 접다
controversia	-ae *f.* 싸움, 다툼
con-venio	-ire, -veni, -ventus *v.* 함께 오다, 모이다
con-verto	-ere, -verti, -versus *v.* 돌다 (돌리다)
con-voco	-are, -avi, -atus *v.* 함께 부르다
co-orior	-iri, -ortus sum *v.* 일어나다, 폭발하다
copia	-ae *f.* 부유함, 부, 풍요로움
coquo	-ere, coxi, coctus *v.* 요리하다
Corinthus	-i *f.* 코린트. 코린트의 기슭에 있는 유명한 도시
Cornelia	-ae *f.* 코닐리아. 시피오의 딸이자 그라치의 어머니
Cornelius	Corneli *m.* 코닐리우스, 로마 이름
cornu	-us *n.* 뿔 ; 좌우익
corona	-ae *f.* 화관 ; 왕관
coronatus	-a, -um *adj.* 왕관을 쓴, 왕위에 오른
corpus	-oris *n.* 몸
cor-ripio	-ere, -ui, -reptus *v.* 잡다, 움겨잡디
cotidianus	-a, -um *adj.* 매일
cotidie	*adv.* 매일

creber	-bra, -brum *adj.* 많은, 잦은, 빽빽한
credo	-ere, -didi, -ditus *v.* [+ 여격] 믿다, 신뢰하다
cremo	-are, -avi, atus *v.* (불에) 태우다
creo	-are, -avi, -atus *v.* 만들다 ; 선출하다, 임명하다
Creon	-ontis *m.* 크레온, 코린트의 왕
cresco	-ere, -crevi, cretus *v.* 크다, 자라다, 증가하다
Creta	-ae *f.* 크레타. 지중해의 큰 섬
Cretaeus	-a, -um *adj.* 크레타 사람
crus	cruris *n.* 다리
crustulum	-i *n.* 반죽, 케이크
cubile	-is *n.* 침대
cultura	-ae *f.* 문화, 수양, 교양
cum	*conj.* 언제, ~부터, 비록 [+ 주격]
cum	*prep.* [+ 탈격] ~함께
cupide	*adv.* [cupidus, 원하는] 열심히, 간절히 [비교 cupidius, cupidissimē]
cupiditas	-atis *f.* 열망, 갈망
cupio	-ere, -ivi / -ii, -itus *v.* 열망하다, 희망하다
cur	*adv.* 왜냐하면, 무엇 때문에
cura	-ae *f.* 고통, 걱정
curia	-ae *f.* 상원 의사당
curo	-are, -avi, -atus *v.* 챙기다, 아끼다
curro	-ere, cucurri, cursus *v.* 달리다
currus	-us *m.* 마차
cursus	-us *m.* 코스
custodio	-ire, -ivi, -itus *v.* 지켜주다, 보호하다
Daedalus	-i *m.* Dædalus, 최초의 비행하는 기계의 창시자
Davus	-i *m.* Davus, 노예의 이름
de	*prep.* [+ 탈격] ~고려한, ~로부터
dea	-ae *f.* 여신
debeo	-ere, -ui, -itus *v.* ~할 의무가 있다
decem	*adj.* 십(열)

de-cerno	-ere, -crevi, -cretus *v.* 결정하다	
de-cido	-ere, -cidi *v.* 떨어지다	
decimus	-a, -um *adj.* 열번째	
declivis	-e *adj.* 하락하는	
de-do	-ere, -didi, -ditus *v.* 포기하다	
de-duco	-ere, -duxi, -ductus *v.* 호위하다, 호송하다	
de-fendo	-ere, -di, -fensus *v.* 쫓아내다	
de-fero	-ferre, -tuli, -latus *v.* 끌어내려 오게 하다 ; 발표하다	
de-fessus	-a, -um *adj.* 피곤한	
de-ficio	-ere, -feci, -fectus *v.* 부족하다 ; 반항하다	
de-figo	-ere, -fixi, -fixus *v.* 고정하다	
de-icio	-ere, -ieci, -iectus *v.* 집어던지다, 죽이다	
de-inde	*adv.* (그 때부터), 그 다음에	
delecto	-are, -avi, -atus *v.* 기쁘다, 기뻐하다	
deleo	-ere, -evī, -etus *v.* 괴멸시키다	
delibero	-are, -avi, -atus *v.* 숙고하다	
de-ligo	-ere, -legi, -lectus *v.* 고르다	
Delphicus	-a, -um *adj.* 델픽	
demissus	-a, -um *v.* 풀죽은, 비천한	
de-monstro	-are, -avi, -atus *v.* 가리켜 보여주다	
demum	*adv.* 마침내	
denique	*adv.* 마침내, 끝내	
dens	dentis *m.* 이빨	
densus	-a, -um *adj.* 두꺼운, 빽빽한	
dependeo	-ere *v.* ~에 매달다	
deploro	-are, -avi, -atus *v.* 한탄하다	
depono	-ere, -posui, -positus *v.* 내려놓다	
descendo	-ere, -di *v.* 내려가다	
describo	-ere, -scripsi, -scriptus *v.* 써내려가다	
desidero	-are, -avi, -atus *v.* 갈망하는	
desilio	-īre, -uī, -sultus *v.* 뛰어 내려가다	
despero	-are, -avi, -atus *v.* 절망하다	

despicio	-ere, -spexi, -spectus *v.* 멸시하다
desum	-esse, -fui, -futurus *adj.* 부족한
deus	-i *m.* 신
devolvo	-ere, -volvi, -volutus *v.* 아래로 굴리다
devoro	-are, -avi, -atus *v.* 먹다
dexter	-tra, -trum (-tera, -terum) *adj.* 오른쪽으로
Diana	-ae *f.* 다이애나, 달의 여신이자 아폴로의 쌍둥이 남매
dico	-ere, dixi, dictus *v.* 말하다
dictator	-oris *m.* 독재자
dies	-ei / die *m..* 가끔씩 *f.* 하루
differo	-ferre, distuli, dilatus *v.* ~와 다르다
difficilis	-e *adj.* 어려운
difficultas	-atis *f.* 난이도
diligenter	*adv.* 성실하게
diligentia	-ae *f.* 근면성
dimico	-are, -avi, -atus *v.* 싸우다
dimitto	-ere, -misi, -missus *v.* 보내 버리다, 분산해 버리다
Diomedes	-is *m.* 이름
dis-	di- 서로 다른
discedo	-ere, -cessi, -cessus *v.* 가버리다
discerno	-ere, -crevi, -cretus *v.* 분별하다
disciplina	-ae *f.* 훈련, 교육
discipulus	-i *m.* 학생
disco	-ere, didici *v.* 배우다
discutio	-ere, -cussi, -cussus *v.* 산산 내버리다
dispono	-ere, -posui, -positus *v.* 배열하다
dissimilis	-e *adj.* 비슷하지 않은
distribuo	-ere, -ui, -utus *v.* 분배하다, 나누다
diu	*adj.* 오랫동안, 긴
do	dare, dedi, datus *v.* 주다
doceo	-ero, -ui, -tus *v.* 가르치다, 보여주다
doctrina	-ae *f.* 의사, 선생님, 가르치는 것, 배우는 것, 지혜

dolor	-oris *m.* 아픔, 통증
domesticus	-a, -um *adj.* 집의, 가정의
domicilium	domicili *n.* 집, 거주지, 주거
domina	-ae *f.* mistress (집의) 주부
dominus	-i *m.* (집의) 주인, 통치자
domus	-us *f.* 집 domi, (처소격) 집에서
dormio	-ire, -ivi, -itus *v.* 자다
draco	-onis *m.* 용, 뱀
dubito	-are, -avi, -atus *v.* 망설이다
dubius	-a, -um *adj.* 의심스러운, 허구스러운
ducenti	-ae, -a 숫자 *adj.* 이백의
duco	-ere, duxi, ductus *v.* 이끌다, 만들다
dum	*conj.* 동안, ~이기만 하면
duo	*adj.* 숫자 2
duodecim	*adj.* 숫자 12
durus	-a, -um *adj.* 어려운, 힘든 ; 아픈, 쓰라린, 힘든
dux	ducis *m. f.* 지도자, 통치자
e or ex	*prep.* [+ 탈격] ~로부터 밖에, ~로부터, ~의
eburneus	-a, -um *adj.* 상아색의
ecce	*adv.* 거기! 여기! 기다려!
educo	-ere, -duxi, -ductus *v.* 앞장서서 ~를 시작하다
efficio	-ere, -feci, -fectus *v.* 만들다, 원인이 되다
effugio	-ere, -fugi, -fugiturus *v.* 도망가다
egeo	-ere, -ui *v.* 필요하다, 부족하다
ego	*pron.* 나(는)
egredior	-i, egressus sum *v.* 나가다, 앞으로 가다
eicio	-ere, -ieci, -iectus *v.* 앞에 던지다, 쫓다
elementum	-i *m.* 첫 번째 원칙, 규율
elephantus	-i *m.* 코끼리
Elis, Elidis	*f.* Elis 남쪽 그리스의 지역
emo	-ere, emi, emptus *v.* 사다
enim	*conj.* (앞에 절대 나오지 못한다) ~를 위해, 사실

Ennius, Enni	*m.* Ennius 로마 시의 아버지
eo	ire, ii (ivi) iturus *v.* 가다
eo	*adv.* 그 곳으로, 저쪽에
Epirus	-i *f.* Epirus 북쪽 그리스에 있는 지역
eques	-itis *m.* 기병
equitatus	-us *m.* 기사
equus	-i *m.* 말
erigo	-ere -rexi -rectus *v.* 들다
eripio	-ere, -ui, -reptus *v.* 점령하다 ; 구하다
erumpo	-ere, -rupi, -ruptus *v.* 갑자기 나타나다
eruptio	-onis *f.* 기습공격
Erymanthius	-a, -um *adj.* Erymanthian, of Erymanthus, 남부 그리스에 있는 지역
et	*conj.* 그리고, 또한. et... et, 둘 다, 그리고
etiam	*adv.* (가끔식 *conj.*) 아직, 여전히, 역시, 그렇지 - non solum... sed etiam, ~뿐만 아니라 ~도
Etrusci	-orum *m.* the Etruscans, Etruria의 사람들
Europa	-ae *f.* 유럽
Eurystheus	-i *m.* Eurystheus. 남부 그리스에 있는 도시 'Tiryns'의 왕
evado	-ere, -vasi, -vasus *v.* 피하다, 나가다, 출발하다
ex	*prep.* ~로부터
exanimatus	-a, -um *adj.* 숨이 가쁜, 지친 ; 죽은
excipio	-ere, -cepi, -ceptus *v.* 받다, 맞이하다
exemplum	-i *n.* 예시, 모델
exeo	-ire, -ii, -iturus *v.* 출발하다
exerceo	-ere, -ui, -itus *v.* 훈련시키다, 고용하다, 사용하다
exercitus	-us *m.* 군대
existimo	-are, -avi, -atus *v.* 측정하다 ; 생각하다, 판단하다
exorior	-iri, -ortus sum *v.* 앞으로 나오다, 일어나다
expeditus	-a, -um *adj.* 짐 없이
expello	-ere, -puli, -pulsus *v.* ~을 몰아내다
expio	-are, -avi, -atus *v.* 보상하다
explorator	-oris *m.* 간첩, 정찰자

exploro	-are, -avi, -atus *v.* 탐험하다, 조사하다
expugno	-are, -avi, -atus *v.* 단번에 사로잡다
exsilium	exsli *n.* 추방, 망명
exspecto	-are, -avi, -atus *v.* 기대하다, 기다리다
exstruo	-ere, -struxi, -structus *v.* 건립하다, 짓다
exterus	-a, -um *adj.* [exterior, extermus, extimus와 비교하여] 밖에, ~의 밖에
extra	*prep.* [+ 대격] 저편에, ~의 밖에
extraho	-ere, -traxi, -tractus *v.* ~을 오래 끌다
extremus	-a, -um *adj.* 가장 먼, 가장 최고인
fabula	-ae *f.* 이야기, 우화
facile	*adv.* [facilius, facillime과 비교하여] 쉽게
facilis	-e *adj.* 쉬운, 어려움 없이
facio	-ere, feci, factus (im*v.* fac) 만들다, 하다 ; 일으키다, 가져오다 impetum facere in 공격하다, proelium facere 싸우다, iter facere 여행을 떠나다, aliquem certiorem facere 알리다, facere verba pro 누구 대신에 말하다, 수동태 fio, fieri, factus sum, 일어나다, 되다, certior fieri 알려지다
fallo	-ere, fefelli, falsus *v.* 속이다, 배신하다
fama	-ae *f.* 보도, 루머 ; 유명, 평판
fames	-is *n.* 굶주림
familia	-ae *n.* 가정
fasces	-ium *n.* [고대로마] 막대기 다발 속에 도끼를 끼운 집정관의 권위 표기
fastigium	*n.* 정상, 하강
fatum	-i *n.* 운명
fauces	-ium *n.* 턱, 목구멍
faveo	-ere, favi, fauturus *v.* ~에 호의적이다
felix	-icis *adj.* 운 좋은
femina	-ae *n.* 여성
fera	-ae *n.* 야수
ferax	-acis *adj.* 비옥한
fere	*adv.* 거의
fero	*v.* 참다

ferreus	-a, -um *adj.* 철로 만들어진
fidelis	-e *adj.* 충실한
fides	fidei, fide *n.* 신념 ; 약속
filia	-ae *n.* 딸
filius	fili *n.* 아들
finis	is *m.* 경계, 한계 ; [복수] 영토, 국가
finitimus	-a, -um *adj.* 서로 접한 [복수] finitimi -orum *n.* 이웃
fio	fieri, factus *v.* 발생하다
flamma	-ae *n.* 불, 화염
fios	floris *n.* 꽃
fluctus	-us *m.* 홍수, 파도
flumen	-inis *n.* 강
fluo	-ere, fluxi, fluxus *n.* 흐름
fluvius	fluvi *m.* 강
fodio	-ere, fodi, fossus *v.* 파다
fons	fontis *m.* 분수
forma	-ae *f.* 형태, 모양, 외형 ; 아름다움
formiae	-arum *f.* Formiae. 아피안 길에 있는 라티움 안의 도시
forte	*adv.* 우연히
fortis	-e *adj.* 강한 ; 겁 없는, 용감한
fortiter	*adv.* 강하게, 용감하게
fortuna	-ae *f.* 기회, 운명, 미래
forum	-i *n.* 시장 (장소)
Forum Appi	Appius의 forum 아피안 길에 있는 라티움 안의 도시
fossa	-ae *f.* 배수로
fragor	-oris *m.* 요란한 소리, 소음
frango	-ere, fregi, fractus *v.* 깨다
frater	-tris *m.* 형제
fremitus	-us *m.* 시끄러운 소음
frequento	-are, -avi, -atus *v.* 참석하다
fretus	-a, -um *adj.* 사람을 믿는 [+ 탈격]

frons	frontis *f.* 앞
	a fronte, 앞에
fructus	-us *m.* 과일
frumentarius	-a, -um *adj.* 곡물과 관련 있는, res frumentaria, 곡물 공급
frumentum	-i *n.* 곡물
frustra	*adv.* 허사가 되어, 헛되이
fuga	-ae *f.* 도주, 도망
	in fugam dare, 도주시키다
fugio	-ere, fugi, fugiturus *v.* 도망치다, 뛰다 ; 피하다, 멀리하다
fumo	-are *n.* 연기(smoke)
funis	-is *m.* 줄
furor	-oris *m.* 광기
	in furorem incidere 미치다
Gaius	gai *m.* 가이우스(Gaius), 로만 이름, 약자 C., 영어로는 카이우스 (Caius)
Galba	-ae *m.* 갈바(Galba), 로만 이름
galea	-ae *f.* 투구
Galia	-ae *f.* 가울(Gaul), 지금의 홀란드, 벨기에, 스위스, 그리고 프랑스를 통 틀어서 이루는 나라
Gallicus	-a, -um *adj.* 가울사람의 가울의
gallina	-ae *f.* 암탉, 닭
gaudium	gaudi *n.* 기쁨
Genava	-ae *f.* 제네바(Geneva), 스위스에 있는 도시
gens	gentis *f.* 인종, 가족 ; 사람, 국가, 족
genus	-eris *n.* 종류, 다양성
Germania	-ae *f.* 독일
Germanus	-i *m.* 독일인
gero	-ere, gessi, gestus *v.* 운반하다, 입다 ; 수행하다
	bellum gerere, 전쟁을 수행하다. res gestae, 업적. bene gerere, 성공적으로 수행하다.
gladiatorius	-a, -um *adj.* 검투사의
gladius	gladi *m.* 검
gloria	-ae *f.* 영광, 명성

Gracchus	-i *m.* 그라쿠스(Gracchus). 유명한 로만 가족의 이름
gracilis	-e *adj.* 가느다란
Graeca	-orum *n.* 그리스의 글, 그리스 문학
Graece	*adv.* 그리스에
Graecia	-ae *f.* 그리스
grammaticus	-i *m.* 문법학자
gratia	-ae *f.* 감사, 감사하는 마음
gratus	-a, -um *adj.* 만족스러운, 기분 좋은 [+ 여격]
gravis	-e *adj.* 무거운 ; 동의하지 못하는 ; 진지한, 위엄한 ; 진지한
graviter	*adv.* 무겁게, 대단히, 진지하게
	gravius, gravissime, 무겁게 의 비교 [gravis, 무거운] graviter ferre, 아픔을 참다, 가슴으로 받아드리다
gubernator	-oris *m.* 파일럿
habena	-ae *f.* 고삐
habeo	-ere, -ui, -itus *v.* 가지다, 쥐다 ; 고려하다, 생각하다, 간주하다
habito	-are, -avi, -atus *v.* 거주하다, 머물다, 살다
hac-tenus	*adv.* 여태(지금) 까지는
Helbetii	-orum *m.* 헬베티(the Helvetii), 갈릭(Gallic) 부족
Hercules	-is *m.* 헤라클레스. 주피터(Jupiter)와 알크메나(Alcmena)의 아들, 힘의 신
Hesperides	-um *f.* 헤스페리데스(the Hesperides). 황금 사과의 정원을 지킨 헤스페루스(Hesperus)의 딸들
hic	haec, hoc *adj. pron.* 이것(의)
hic	*adv.* 여기
hiems	-emis *f.* 겨울
hinc	*adv.* 여기로부터, 그러므로
Hippolyte	-es *f.* 히포리트(Hippolyte). 아마존의 여왕
ho-die	*adv.* 오늘
homo	-inis *m. f.* 남자, 사람
honestus	-a, -um *adv.* 존경받는, 명예로운
honor	-oris *m.* 명예
hora	-ae *f.* 시간
Horatius	Horati *m.* 호라티우스(Horatius), 로만 이름

horribilis	-e *adj.* 무서운, 끔찍한
hortor	-ari, -atus sum *v.* 서두르게하다, 자극하다, 타이르다, 격려하다
hortus	-i *m.* 정원
hospitium	hospiti *n.* 환대
hostis	-is *m. f.* 적, 적수
humilis	-e *adj.* 낮추다, 겸손한
Hydra	-ae *f.* 히드라(the Hydra)
	헤라클레스(Hercules)에서 죽여진 신화의 물 뱀
iacio	-ere, ieci, iactus *v.* 던지다, 세게 내던지다
iam	*adv.* 지금, 벌써
	nec iam 그리고 더 이상 안하는
Ianiculum	-i *n.* 자니쿨룸(the Janiculum) 로마에 있는 언덕 중 하나
ianua	-ae *f.* 문
ibi	*adv.* 거기, 거기에
Icarus	-i *m.* 이카루스(Icarus) 데달루스(Dædalus)의 아들
ictus	-us *m.* 강타
idem	eadem, idem *pron.* 같은 [강조]
idoneus	-a, -um *adj.* 적당한, 맞는
igitur	*conj.* 그러므로, 그래서
ignis	-is. *m.* 불
ignotus	-a, -um *adj.* 알려지지 않은, 색다른
ille	illa, illud *adj. pron.* 그것(의), 그(의), 그녀(의)
illic	*adv.* 저쪽의, 저기
immitto	-ere, -misi, -missus *v.* 반대로 보내다 ; 들여보내다
immolo	-are, -avi, -atus *v.* 성스러운 식사로 뿌려지다 ; 권하다 ; 희생하다
immortalis	-e *adj.* 불사의
immortalitas	-atis *f.* 불사
imparatus	-a, -um *adj.* 준비되지 않은
impedimentum	-i *n.* 방해 ; 복수로는, 수하물
impeditus	-a, -um *adj.* 방해받는, 부담받는
impello	-ere, -puli, -pulsus *v.* 반대로 치다 ; 끌다, 추진하다, 나아가다
imperator	-oris *m.* 장관

171

imperium	imperi *n.* 명령 ; 왕국 ; 권력, 권한
impero	-are, -avi, -atus *v.* 명령하다 [+ 여격] cf. [+ 대격] 부과하다
impetus	-us *m.* 공격 *impetum facere in*, 공격을 개시하다
impono	-ere, -posui, -positus 장소의 ; 부과하다
in	*prep.* [+ 탈격] ~안에 ; [+ 대격] ~안으로, ~으로 *in reliquum tempus* 미래를 위하여
in-	분리할 수 없는 접두사. 주로 명사와 형용사와 쓰이며 부정적 의미를 가지고 있음
incautus	-a, -um *adj.* 조심성 없는
incendium	-i (ii) *n.* 불, 화재
incendo	-ere, -di, -census *v.* 불을 붙이다, 태우다
incido	-ere, -cidi *v.* 내려앉다, 쓰러지다 ; 일어나다(happen) *in furorem incidere* 미치다
incipio	-ere, -cepi, -ceptus *v.* 시작하다, 착수하다
incognitus	-a, -um *adj.* 알 수 없는, 불확실한
incolo	-ere, -ui *v.* 거주하다
incolumis	-e *adj.* 안전한, 무사한
incredibilis	-e *adj.* 믿을 수 없는, 놀라운, 의심스러운
inde	*adv.* 거기서부터, 이것부터, 그때부터
induo	-ere, -ui, -utus *v.* (옷을) 입다
indutus	-a -um *adj.* (옷을) 입은
ineo	-ivi(-ii), -itus, -ire *v.* 들어가다, 진입하다 ; 참가하다
infans	-antis *adj.* 말문이 막힌 ; 아이 같은 *m. f.* 유아
infelix	-icis *adj.* 헛된, 재수 없는, 불운한
infensus	-a, -um *adj.* 적대적인, 위험한
infero	intuli, Inlatum, inferre *v.* 가져오다, 가하다 *bellum inferre* ~에 전쟁을 걸다
inferus	-a, -um *adj.* 아래의, 아래에 있는
infestus	-a, -um *adj.* 끝없는, 무한한
infinitus	-a, -um *adj.* 끝없는, 무한한
infirmus	-a, -um *adj.* 약한, 허약한
ingenium	-i (-ii) *n.* 지성, 성질, 성격

ingens	-entis *adj.* 거대한, 큰, 대단한
ingredior	-gressus, -gredi *v.* 걷다, 전진하다, 들어가다 ; 시작하다
inimicus	-a, -um *adj.* 적대적인 inimicus, -i *m.* 적
initium	initi *n.* 입장, 시작
initus	-a, -um *m.* 시작
	inita destate 여름의 시작 때
iniuria	-ae *f.* 불공평, 부정, 부당함, (법 등의)위반
	alicui injurias inferre 어떤 사람에게 해를 가하다
inopia	-ae *f.* 부족, 결핍
inopinans	-antis *adj.* 예상치 못한, 갑작스러운
inquit	그(그녀)가 말했다 (주로 대화문에서 쓰임)
inrigo	-avi, -atus, -are *v.* 뿌리다, 흘리다
inrumpo	-rupi, -ruptum, -rumpere *v.* 침입하다, 난입하다
inruo	-rui, *no sup.* -ruere *v.* 난입히다, 뛰어들다
insequor	-seutus, -sequi *v.* 따라가다, 뒤쫓다
insigne	-is *n.* 뱃지, 장식물
insignis	-e *adj.* 특징적인, 멋진, 화려한 ; (때때로)유명한
instans	-antis *adj.* 현재, 바로, 곧 일어나는
insto	-are, -stiti, -staturus *v.* 서다, 추구하다, 권하다
instrumentum	-i *n.* 악기
instruo	-struxi, -structum, -struere *v.* 쌓다, 준비하다, 공급하다
insula	-ae *f.* 섬
integer	-gra, -grum *adj.* 온전한, 깨지지 않은 ; 새로운
intellego	-ere, -plexi, lectus *v.* 지각하다, 알아듣다, 이해하다
intento	-avi, -atum, -are *v.* (손 따위를)내밀다 ; 위협하다
inter	*prep.* 사이에, 중간에 ; *adv.* 같이, 사이에서
interfectus	-a, -um *adj.* 죽은
interficio	-feci, -fectum, -ficere *v.* 죽이다, 파괴하다
interim	*adv.* 그 사이에, 동시에
interior	-ius *adj.* 안쪽, 내부
Intermitto	-ere, -misi, -missus *v.* 그만두다, 연기하다
interpres	-etis *m. f.* 전령, 통역자

Interrogo	-are, -avi, -atus *v.* 질문, 물어보다
intersum	-fui *no sup* -esse *v.* 참가하다, 공유하다
intervallum	-i *n.* 간격
Intra	*prep.* 안쪽에, 내부에
intro	-avi, -atum, -are *v.* 들어가다, 통과하다, 침투하다
invenio	-veni, -ventum, -venire *v.* (우연스럽게)발견하다, 만나다
invisus	-a, -um *adj.* 적대적인, 증오의
Iolaus	-i *m.* 헤라클레스의 친구
ipse	-a, -um, -ius *pron. intens.* 나 자신, 그 자신(재귀격)
ira	-ae *f.* 분노, 화, 격노
iratus	-a, -um *adj.* 화가 난
is	ea, id, eius *pron.* 그, 그녀, 그것, 그들
iste	ista, istud, istius *pron.* [지시대명사] 그것, 그, 그녀
ita	*adv.* 그래서, 그러므로
Ītalia	-ae *f.* 이탈리아 ; 이탈리아 사람들
itaque	*conj.* 따라서, 그런 까닭에
Item	*adv.* 똑같이, 그와 같이, 역시
iter	itineris *n.* 길, 여행, 통행로 *iter dare* 통행권을 주다
iubeo	iussi, iussum, iubere *v.* 명령하다
iudex	-icis *m.* 심판관, 중재자 *iudice te* 너에게 심판을 맡겨서
iudico	-avi, -atus, -are *v.* 결정하다, 심판하다
Iulia	-ae Julia의 로마식 명칭
Iulius	-a, -um *adj.* 율리우스의
iungo	iunxi, iunetum, iungere *v.* 결합하다, 조이다, 붙들다 ; (계약, 결혼 등을) 맺다
Iuno	-onis *f.* 유노 (신들의 여왕으로 트로이 전쟁에서 그리스 편을 들었음)
Iuppiter	(Iupi-) Iovis *m.* 주피터, 제우스
iuro	-avi, -atum, -are *v.* 맹세하다
iussus	-a, -um 주문되다

L.	Lusius의 약어
labefactus	-a, -um *adj.* 약화된, 무너지기 일보직전인
labienus	-i *m.* 카이사르의 중위, 대위 중 한 명
labor	-oris *m.* 노동, 노력, 일 ; 고난
laboro	-avi, -atum, -are *v.* 정성들이다, 일하다, 힘들여 마무르다
lacrima	-ae *f.* 울음, 눈물
lacus	-us *m.* 연못, 호수, 저수지 ; 강, 시냇물
laete	-ae *adv.* 기쁘게
laetitia	-ae *f.* 기쁨
laetus	-a, -um *adj.* 즐거운, 기쁜 ; 다산의
lapis	-idis *m.* 돌 ; 석상
Lar	*m.* 집안의 수호신 ; 집
late	*adv.* 넓게, 널리
Latine	*adv.* 라틴어를 말하는
latitudo	-inis *f.* 폭, 너비
Latona	-ae *f.* 레토 (아폴로와 다이아나의 어머니)
latus	-a, -um *adj.* 넓은, 펴져 있는
latus	-eris *n.* 옆면, 측면
laudo	-are, -avi, -atus *v.* 찬양하다, 칭송하다
laurea	-ae *f.* 월계수
laureatus	-a, -um *adj.* 월계수를 수여받다
laus	laudis *f.* 칭찬, 칭송, 찬양
lectulus	-i *m.* 침대, 소파
legatus	-i *m.* 전령, 대사, 사신
legio	-onis *f.* 군단
legionarius	-a, -um *adj.* 군단의 *m.* 군단의 병사
lego	-ere, -legi, lectus *v.* 읽다
lenis	-e *adj.* 완곡한, 온건한
leniter	lenis *adv.* 온화하게 서서히
Lentulus	-i *m.* 로마의 한 가문 이름
leo	-onis *m.* 숫사자
Lernaeus	-a, -um *adj.* 레르나 호수의

Lesbia	-ae *f.* 레스보스 섬
levis	-e *adj.* 가벼운, 빠른, 민첩한 ; 사소한 ; 온화한
lex	legis *f.* 법률, 규칙, 규정 ; (조약 등의) 조건
libenter	*adv.* 기꺼이, 자발적인
liber	-era, -erum *adj.* 자유로운
liberi	-orum *m.* 아이들
libero	-are, -avi, -atus *adv.* 자유롭게, 자의적으로
libertas	-atis *f.* 자유
lictor	-oris *m.* 릭토르 속간(막대기 다발 사이로 도끼를 끼운 집정관의 권위 표기)을 가지고 집정관(consul) 등을 따라다니며 죄인을 잡던 관리
limus	-i *m.* 진흙, 흙, 찰흙
littera	-ae *f.* 알파벳 글자
litus	-oris *n.* 해변, 해안가, 해안선 ; 강둑
locus	-i *m.* 장소, 공간, 위치 ; 상태, 조건
longe	*adv.* 멀리서
longinquus	-a, -um *adj.* 멀리 있는, 떨어진, 고대의
longitudo	-inis *f.* 길이
longus	-a, -um *adj.* 긴
loquor	loqui, locutus *v.* 말하다
lorica	-ae *f.* 쇠사슬 갑옷
ludo	-ere, lusi, lusus *v.* 놀다, 즐기다 ; 속이다, 기만하다
ludus	-i *m.* 놀이, 운동, 여가 ; 연극
luna	-ae *f.* 달, 달빛 ; 다이아나
lux	lucis *f.* 빛, 일광 ; 하루, 한나절 ; 천국
Lydia	-ae *f.* 여자아이의 이름
M	Marcus의 약자
magicus	-a, -um *adj.* 마법 같은
magis	*adv.* ~보다
magister	-tri *m.* 교사, 주장, 리더, 관리자, 교사
magistratus	-us *m.* (기관, 국가 등의) 직책, 보직
magnitudo	-inis *f.* 거대

magnopere	*adv.* 대단히, 매우
magnus	-a, -um *adj.* 거대한, 위대한, 고결한 ; 강력한
maior	maius, -oris *adj.* 더 거대한
maiores	-um *m.* 선조들, maior의 복수형
malo	malle, malui *v.* 선호하다, 고르다
malus	-a, -um *adj.* 나쁜, 좋지 않은, 사악한
mando	-are, -avi, -atus *v.* 믿다, 위임하다, 명령하다
maneo	-ere, mansi, mansurus *v.* 유지하다, 계속하다, 불변하다
Manlius	Manli *m.* 로마의 한 가문 이름
mansuetus	-a, -um *adj.* 길들여진, 온순해진
manus	-us *f.* 손, 무력, 폭력 ; 능력 ; 부대
Marcus	-i *m.* 로마의 한 가문 이름
mare	-is *n.* 바다
margo	-inis *m.* 경계
maritus	-i *m.* 남편, 유부남 ; 구혼자
Marius	Mari *m.* 로마의 가문 이름
Martius	-a, -um *adj.* 마르스의 (로마 전쟁의 신)
mater	-tris *f.* 어머니 ; (존경) 여사님, 귀부인
matrimonium	matrimoni *n.* 결혼
maturo	-are, -avi, -atus *v.* 서두르다
maturus	-a, -um *adj.* 이른, 재빠른 ; 성숙한
maxime	*adv.* 최상으로
maximus	-a, -um *adj.* 최상의
medius	-a, -um *adj.* 중간
melior	-ius, -oris *adj.* 더 좋은
melius	*adv.* 더 나은
memoria	-ae *f.* 기억, 추억
mens	mentis *f.* 정신, 마음, 지식
mensis	-is *m.* 달, 개월
mercator	-oris *m.* 무역상인
meridianus	-a -um *adj.* 정오의
meridies	*m.* 정오

metus	-us *m.* 두려움
meus	-a, -um *adj.* [소유 형용사] 나의, 내것의
miles	-itis *m.* 병사, 군대, 대대
militaris	-e *adj.* 군대의
milito	-are, -avi, -atus *v.* 군인으로써 일하다
mille	plur. milia, -ium *n.* 천(千)
minime	*adv.* 적어도
minimus	-a, -um *adj.* 최소의
minor	minus, -oris *adj.* 더 작은
Minos	-ois *m.* 미노스 (크레타의 왕)
minus	*adv.* 더 적은
Minyea	-arum *m.* 그리스인들
mirabilis	-e *adj.* 놀라운
miror	-ari, -atus *v.* 놀라다
mirus	-a, -um *adj.* 이상한, 놀라운, 경이로운
Misenum	-i 캄파니아 (Campania) 해안의 곶과 만
miser	-era, -erum *adj.* 비참한, 불행한
missus	-a, -um *v.* 보낸
mitto	-ere, misi, missus *v.* 풀어놓다, 놓아주다, 파견하다, 급파하다
modicus	-a, -um *adj.* 겸손한, 평범한
modo	*adv.* 최근의, 근래의
modus	-i *m.* 계량의 단위, 방법, 방식, 운율, 곡, 박자, 한도
moenia	-ium *n. pl.* 성채, 요새, 내벽
moleste	*adv.* 성가시게
molestus	-a, -um *adj.* 골치아픈, 성가신, 불쾌한
moneo	-ere, -ui, -itus *v.* 상기시키다, 충고하다, 타이르다, 훈계하다
mons	montis *m.* 산맥, 언덕
monstrum	-i *n.* 괴물
mora	-ae *f.* 유예, 마지못해 함, 내키지 않음, 늑장 부림 praecipitare moras 지연 없이 재촉하다 trahere moras 지연을 연장하다
moror	-ari, -atus *v.* 지연시키다, 멈추다

mors	mortis *f.* 죽음
mos	moris *m.* 관습, 풍습
motus	-us *m.* 운동, 움직임, 동작 ; 충동 ; 동요, 격동
	motus terrae 지진 *motus animi* 감정
moveo	-are, movi, motus *v.* 움직이다, 이동하다
mox	*adv.* 머지않아, 장차, 이후에
mulier	-eris *f.* 여자
multitudo	-inis *f.* 다수, 군중
multum	multo *adv.* 다량의, 많은
multus	-a, -um *adj.* 많은, 다수의
munio	-ire, -ivi, -ii, -itus *v.* 강화하다, 방어하다, 보호하다
munitio	-onis *f.* 요새화
murus	-i *m.*
musica	-ae *f.* 음악
nam	*conj.* ~위하여, ~목적으로 ; ~이 되려고, ~을 하려고
nam-que	*conj.* 틀림없이, 의심할 바 없이
narro	-are, -avi, -atus *v.* 말하다, 이야기하다, 자세히 말하다
nascor	nasci, natus *v.* 태어나다
natura	-ae *f.* 탄생, 출생
nauta	-ae *m.* 선원, 뱃사람, 항해자, 뱃사공
navalis	-e *adj.* 배의, 항해의
navagium	-i *n.* 보트, 배
navigo	-are, -avi, -atus *n.* 범주하다, 항해하다 ; 출범하다, 출항하다
navis	-is *f.* 배, 함선, 보트
ne	*adv.* 아닌
-ne	*adv.* ~인지 어떤지
nec	neque *conj.* 그리고 아닌
necessarius	-a, -um *adj.* 중요한
neco	-are, -avi, -atus *v.* 죽이다, 살해하다
nego	-are, -avi, -atus *v.* 부인하다, 부정하다
negotium	negoti *n.* 일, 사업
Nemaeus	-a, -um *adj.* 남그리스의

nemo	nemini *m.* and *f.* 아무도 ~않다
Neptunus	-i *m.* 넵튠(해신(海神))
neque	nec 참조
neuter	-tra, -trum *adj.* (둘 중) 어느 것도 …아니다
neve	*adv.* 또는 아닌, 그리고 아닌
nihil	*n.* 무(無)
nihilium	-i *n.* nihil 참조
Niobe	-es *f.* 니오베 아폴로와 다이애나에게 살해당한 아이들의 어머니인 테베스의 여왕
nisi	*conj.* ~이 아닌 한, ~이 아니면
nobilis	-e *adj.* 잘 알려진, 유명한
noceo	-ere, -ui, -iturus *v.* 상처주다, 해치다
noctu	*adv.* 밤에, 밤동안에
Nola	-ae *f.* 중앙 Campania에 있는 마을
nolo	nolle, nolui *adj.* 바라지 않는, 원하지 않는
nomen	-inis *n.* 이름, 일족 이름 ; 명의
nomino	-are, -ai, -atus *v.* 부르다
non	*adv.* ~아니다, ~않다
non-dum	*adv.* dum 참조
non-ne	*adv.* non과 ne 참조
nos	*pron.* 우리(는)
noster	*adj.* 우리의, 우리들의 ; 나의
novem	-tra, -trum *adj.* 숫자 9
novus	-a, -um *adj.* 새로운, 신선한, 생소한, 신흥의
nox	noctis *f.* 밤, 어두움
nullus	-a, -um *adj.* 조금도 ~아니다, 아무도 ~아니다
num	*adv.* 부정적인 답을 제안하다
numerus	-i *m.* 수, 숫자
numquam	*adv.* 절대
nunc	*adv.* 지금, 지금은, 그때, 그리고서, 그 때 이미
nuntio	-are, -avi, -atus *v.* 보고하다, 보도하다, 전하다, 통지하다
nuntius	nunti *m.* 보고자, 통보자, 전달자

nuper	*adv.* 요즘, 요사이, 최근에
nympha	-ae *f.* 님프
	바다·강·숲·산 따위에 사는 것으로 생각되는 아름다운 여자 정령
ob	*prep.* ~의 쪽으로, ~을 향하여 ; 가까이, 접근하여 ; 주위에 ; 곳곳에
obses	-idis *m. f.* 인질
obsideo	-ere, -sedi, -sessus *v.* 봉쇄하다, 차단하다, 포위하다
obtineo	-ere, -ui, -tentus *v.* 소유하다, 차지하다, 보유하다
occasio	-onis *f.* 호의적인 기회, 호의적인 순간
philosophia	-ae *f.* 철학
philosophus	-i *m.* 철학자
pilum	-i *n.* 막자, 공이, 절굿공이 ; 투창
piscina	-ae *f.* 물고기가 사는 개울
piscis	-is *m.* 생선 ; (주로 복수형으로 쓰여서) 물고기자리
pistor	-oris *m.* 빵 굽는 사람
placeo	-ere, -ui, -itus *v.* 기쁘게 하다, 즐겁게 하다
planities	-ei *f.* 평지, 평원, 수평
planus	-a, -um *adj.* 평평한, 수평의
plenus	-a, -um *adj.* 가득 찬, 채워진
plurimum	*adv.* 가장 영향력 있게
plurimus	-a, -um *adj.* 가장 영향력 있는
plus	pluris *adj.* 영향력
pluteus	-i *m.* 방패
poena	-ae *f.* 벌, 벌칙, 복수
poeta	-ae *m.* 시인
pompa	-ae *f.* 신성한 의식, 신성한 행렬, 장례열
Pompeii	-orum *m.* Campania 도시 중 하나
Pompeius	Pompei *m.* 로마 사람 이름
pomum	-i *n.* 과일 (사과, 배, 자두 등) ; 과일 나무
pono	-ere, posui, positus *v.* 내려놓다, 두다 ; 잃다, 버리다, 포기하다
pons	pontis *m.* 다리, 갱도, 도개교
popina	-ae *f.* 음식점
populus	-i *m.* 사람들

Porsena	-ae *m.* Porsena Etruria의 왕으로 추방된 Tarquins를 복귀시키려고 시도함
porta	-ae *f.* 문, 통로, 입구, 출구
porto	-are, -avi, -atus *v.* 운반하다, 가져가다
portus	-us *m.* 항구, 정박소
possideo	-ere, -sedi, -sessus *v.* 가지다, 소유하다
possum	posse, potui *v.* ~할 수 있다, ~할 능력이 있다
post	*prep.* 뒤에, 후에, 나중에, 다음에
postea	*adv.* 다음에, 후에
posterus	-a, -um *adj.* 그 다음에
postquam	*conj.* 다음으로, 후에
postremo	*adv.* 드디어
postridie	*adv.* 다음날
postulo	-are, -avi, -atus *v.* 요구하다
potentia	-ae *f.* 힘, 능력, 영향력, 세력
praebeo	-ere, -ui, -itus *v.* 제공하다, 공급하다
praeda	-ae *f.* 전리품
praedico	-ere, -dixi, -dictus *v.* 미리 경고하다, 예언하다, 예고하다
praeficio	-ere, -feci, -fectus *v.* 양도하다, 넘겨주다, 지우다
praemitto	-ere, -misi, -missus *v.* 미리 보내다
praemium	praemi *n.* 상, 보상, 보수
praeruptus	-a, -um *adj.* 험한, 가파른
propero	-are, -avi, -atus *v.* 서둘러 하다, 급하게 하다
propinquus	-a, -um *adj.* 가까운, 이웃하는, 접한 ; 혈족의, 동족의
proprior	-ius, -oris *adj.* 더 가까운 ; 더 최근의
propius	*adv.* 더 가깝게
propter	*adv.* 가까이 *prep.* [+ 대격] -의 가까이 ; -에 대하여 ; -에 의하여 ; -을 위해
proscribo	-ere, -scripsi, -scriptus *v.* 선언하다, 출판하다
prosequor	-sequi, -secutus sum *v.* 호위하다, 참석하다
prosum	prodesse, profui, profuturus *v.* -에 도움이 되다 -에게 이롭다
protego	-ere, -texi, -tectus *v.* 덮다, 보호하다, 지키다
provincia	-ae *f.* 영역, 지역

proxime	*adv.* 가장 가까이, 다음에 ; 마지막, 가장 최근에
proximus	-a, -um *adj.* 가장 가까운, 다음의
publicus	-a, -um *adj.* 국민들
puella	-ae *f.* 소녀, 아가씨, 새색시
puer	-eri *m.* 소년, 아이, (대개 17세 이하의) 어린이 ; 노예
pugna	-ae *f.* 싸움, 전투, 경연 ; (종종) 전쟁
pugno	-are, -avi, -atus *v.* 싸우다, 경쟁하다, 전쟁을 일으키다
pulcher	-chra, -chrum *adj.* 아름다운, 예쁜, 멋진, 잘생긴
pullo	-onis *m.* 백부장
pulso	-are, -avi, -atus *v.* 때리다, 가격하다 ; 뛰다, 고동치다, 떨리다
puppis	-is *f.* 선미(船尾), 선미루 ; 배
pure	*adv.* 깨끗하게
purgo	-are, -avi, -atus *v.* 치우다, 깨끗이 하다
purpureus	-a, -um *adj.* 보라색의(주로 붉은 빛의), 붉은 색의, 진홍색의 ; 밝은, 명랑한
puto	-are, -avi, -atus *v.* 깨끗이 하다, 청소하다
Pythia	-ae *f.* 피티아 델포이에 있는 아폴로에 영감 받은 여사제
qua de causa	*adv.* 이 이유로, 그러므로
qua re	*adv.* 따라서, 이 이유로
quaero	-ere, -sivi, -situs *v.* 원하다, 찾다, 얻으려 하다 ; 찾아내다, 얻어내다, 획득하다 ; 묻다, 알아보다
qualis	-e *adj.* (의문문이나 감탄문에서) 어떤, 어떤 종류의, 어떤 인간이 ; (관계사로서) 마침 …할 때, 바로 …한 대로, 이를테면
quam	*adv.* (의문사로서) 어떻게, 얼마나 ; (관계사로서) …만큼, …보다 ; (최상급과 함께) 되도록 많이 ; (강조의) 아주
quantus	-a, -um *adj.* (의문사로서) 얼마나 큰, 얼마나 ; (관계사로서) ~만큼 큰, ~만큼
quartus	-a, -um *adj.* 네 번째
quattuor	*adj.* 4의
quattuor-decim	*adj.* 14의
-que	*conj.* ~와, 그리고 (연결하는 단어나 구의 한 단어에 붙어서 기능한다)

qui	quae, quod rel. *pron. adj.* ~하는 (사람·사물) 〈선행사를 생략하여〉 ~하는 사람·사물 ; 누구든지, 어떤 사람이든지, 무엇이나. ■ quod si 이제 만일 ~이라면 ■ quod superest 게다가, 그 위에, 더군다나. ■ ex quo ~했던 때부터, ~이래 줄곧
quia	*conj.* ~이기 때문에
quidam	quaedam, quiddam *pron. adj.* 확실한 것, 확실한
quidem	*adv.* 당연히, 따라서, 정말로 ; 역시, 또한 ; 〈반의의〉 그러나, 하지만
quies	-etis -etis 휴식, 잠, 선잠 ; 편안, 안락, 고요함
quietus	-a, -um *adj.* 조용한, 고요한, 잔잔한
quindecim	*adj.* 15의
quingenti	-ae, -a *adj.* 오백의
quinque	*adj.* 다섯의
quintus	-a, -um *adj.* 다섯 번째의
quis	-quae, -quid interrog. *pron. adj.* 누구, 무엇, 어떤 종류, 어떤 상태 ■ Quid, neut., 왜, 무엇 ; 무엇 때문에, 어떤 일로. ■ As indef., 아무, 아무 것 ; 어떤, 어떤 이, 어떤 것
quisquam	quicquam, quidquam *indef. pron.* 누구든지, 누군가 ; 무엇이든지 ; 〈부정어와 함께〉 아무도, 어떤 것도
quisque	quaeque, quidque *indef. pron. adj.* 각각, 각자, 각기 ; 모두, 모든 사람, 모든 것 ■ 종종 최상급과 : proxima quaeque (연속의 의미로) 가까이의 모든 것 ■ 두개의 비교급과 함께~ ~할수록 더 ~
quo	*adv.* 어디로, 어느 방향으로 ; 어디까지, 무엇을 목표로
quod	*conj.* ~ 때문에, ~로 인하여 ■ est quod, ~한 이유가 있다
quoque	*conj.* 그리고 또한
quot-annis	*adv.* 매년, 계속
quotiens	*adv.* 몇 번이나, 얼마나 자주
radix	-icis *f.* 뿌리 ; 토대
rapio	-ere, -ui, -tus *v.* 낚아채다, 잡아 뺏다, 빼앗아 가다 ; 강탈하다
raro	*adv.* 드물게

rarus	-a, -um *adj.* 느슨한, 드문드문한, 얼마 없는, 흩어져 있는, 부족한
re-, red-	다시 ~하는
rebellio	-onis *f.* 전쟁의 부활, 반란
recens	-entis *adj.* 새로운, 신선한, 최근의 ■ neut. as adj. 지금 막 ~한, 최근의
recipio	-ere, -cepi, -cepi, -ceptus *v.* 후퇴시키다, 물러나게 하다, 철수시키다 ; 회복시키다, 구조하다 ; 받다, 받아들이다 ; (재귀대명사와 함께) 물러나다, 철수하다
reclinatus	-a, -um *v.* 새롭게 된
recreatus	-a, -um *v.* 뒤로 기대는
rectus	-a, -um *adj.* rego의 과거분사 이끌려진
recuso	-are, -avi, -atus *v.* 반대하다, 꺼려하다, 거부하다, 거절하다
redactus	-a, -um *adj.* 줄어든, 낮춘
redeo	-ire, -ii, -itus *v.* 되돌아가다, 귀환하다 ; (경주 등에서) 도착하다 ; (산 등을) 둘러싸며 걷다
reditus	-us *m.* 보상
reduco	-ere, -duxi, -ductus *v.* 뒤로 이끌다. 후퇴시키다 ; 회복시키다, 구하다
refero	-ferre, -rettuli, -latus *v.* 되돌려주다, 반환하다, 원래대로 복구하다 ; 원래 마땅히 속해야 할 곳으로 옮기다 ; 반복하다, 나타내다, ~에 닮다 ; (주제 등을) 제시하다, 내놓다, 이야기하다 ; (재귀대명사와 함께 혹은 수동태로 쓰여) 귀환하다, 돌아가다
reficio	-ere, -feci, -fectus *v.* 바꾸다, 새롭게 하다, 수리하다, 복구하다, 재건하다
regina	-ae *f.* 왕의, 왕족의
regio	-onis *f.* 방향, 진로, 진행 ; 지역, 동네
regnum	-i *n.* 국토, 왕국 ; 왕권, 왕좌 ; 권력, 권위
rego	-ere, rexi, rectus *v.* 이끌다, 인도하다, 나아가게 하다 ; (특히) 다스리다, 통치하다, 지배하다. 통제하다
reicio	-ere, -ieci, -iectus *v.* 되던지다, 되돌아가게 하다, 격퇴하다 ; 거부하다, 거절하다
relinquo	-ere, -liqui, -lictus *v.* 뒤에 남겨놓다, 떠나다, 저버리다, 버리고 가다, 포기하다

reliquus	-a, -um *adj.* 남은 것의, 남은 *n.* 나머지
remotus	-a, -um *adj.* 제거된, 없어진
removeo	-ere, -movi, -motus *v.* 없애버리다, 치워버리다, 제거하다, 숨기다
remus	-i *m.* 노
reperio	-ire, repperi, repertus *v.* 찾다, 발견하다, 감지하다
reporto	-are, -avi, -atus *v.* 다시 가져가다, 다시 옮기다 ; 보고하다, 알리다
res, rei	*f.* 물건, 사물 ; 일, 사건, 행사 ; 업적, 공적 ; 주위의 사정, 상황, 환경 ; 운수 ; 권력, 국가, 나라, 제국 ; 재산, 사유지 res tenerae 연약한 것들, tenues res 보잘것없는 운수 res incognita 미확인 물체, 알려지지 않은 상태의 것 res divinae 신성한 의식 ■*f. pl.* plur. 환경, 지구, 세계. rerum dominus 세계의 지배자
rescindo	-ere, -scidi, -scissus *v.* 잘라내다, 떼어내다, 없애버리다
resisto	-ere, -stiti *v.* 멈추다, 멈춰서다, 뒤로 물러나다 ; 거부하다, 저항하다, 반대하다. 버티다, 견뎌내다
respondeo	-ere, -spondi, -sponsus *v.* 대답하다, 답변하다, 반응하다 ; 교환하다, 주고받다 ; 보답하다, 답례하다 ; (소리 따위가) 다시 울려 퍼지다
reverto	-ere, -i *v.* 뒤돌아 가다, 복귀하다, 귀환하다 ; 다시 시작하다, 재개하다
revincio	-ire *v.* 묶다, 동이다, 둘러 감다
rex	regis *m.* 왕
Rhenus	-i *m.* Rhine 강 독일과 갈리아 지방을 가르며 흐른다
ripa	-ae *f.* (하천 호수의) 둑, 제방 ; 기슭, 안(岸) ; 강, 물가
rogo	-are -avi, -atus *v.* 부탁하다, 빌다, 바라다, 간청하다
roma	-ae *f.* 로마
romanus	-a, -um *adj.* 로마의, 로마인의
rosa	-ae *f.* 장미
rostrum	-i *n.* 부리, 긴 코, 주둥이 ; (배의) 충각(衝角)
rota	-ae *f.* 바퀴 ; 전차, 마차 volvere rotam (詩的) 진행되다, 전진하다

rubico	-onis *m.* 북 이탈리아에 있는 강
rumor	-oris *m.* 소문, 풍문
rursus	*adv.* 본디 상태로, 다시
rus	ruris *n.* 시골 ; 농장, 농지, 벌판
	rus opacum 그늘진 땅
Sabinus	-a, -um *f. m.* Sabines의: 중부 이탈리아를 장악했던 대부족. Latium과 남부 이탈리아를 침략했었다.
	■ masc. plur. Sabine人들
	■ fem. plur. Sabine의 여자들
	■ masc. sing. Sabinus: 낫으로 상징되는 Sabines의 전설 속 시조
sacrum	-i *n.* 신께 바쳐진 것, 희생양
saepe	*adv.* 자주, 종종
saevus	-a, -um *adj.* 화가 난, 분노한, 사나운, 가차없는, 잔인한 ; (싸움 등에서) 용맹한
sagitta	-ae *f.* 화살
salio	-ire, -ui *v.* 뛰다, 뛰어오르다
salus	-utis *f.* 안전, 건강
saluto	-are, -avi, -atus *v.* 건강을 기원하다, 인사하다, 환영하다, 환호하여 맞이하다
sanguis	-inis *m.* 피 ; 유혈, 살육, 학살 ; 인종, 종족, 혈육, 가문 ; 생기, 정력
sanitas	-atis *f.* 건강, 건전함
sapiens	-entis *adj.* 현명한, 총명한
satis	*adj.* 충분한, 족한. *adv.* 충분히 ; (부정어구와 함께) 그다지, 그다지 많지 않게
saxum	-i *n.* 바위, 돌 ; (물가의) 부서진 돌
scelus	-eris *n.* 극악, 사악, 비열 ; 범죄, 사악한 짓 ; 악당, 범죄자
	artificis scelus 교활한 악당
sceptrum	-i *n.* 홀(笏) ; (비유적) 권력, 지배, 왕권, 왕위, 왕국
schola	-ae *f.* 학교
scientia	-ae *f.* 기술, 지식, 과학
scindo	-ere, scidi, scissus *v.* 자르다, 잘라 쪼개다, 찢다, 부수다, 파헤치다 ; (비유적) 나누다

scio	-ire, -ivi, -itus *v.* 알다, 배우다
scribo	-ere, scripsi, scriptus *v.* 쓰다, 적다
scutum	-i *n.* 방패
se	*pron.* 재귀대명사형
secum	se + cum
secundus	-a, -um *adj.* (시간·순서·정도 따위가) 둘째의, 아래의, 하위의 ; (바람, 조류 따위가) 순조로운, 알맞은 ; 번창하는, 길조의
	venti secundi 순조로운 바람
sed	*conj.* 그러나, 하지만
sedecim	*adj.* 16
sedeo	-ere, sedi, sessus *v.* 앉다 ; 있다, 위치하다, (배가) 닻을 내리다, (군대가) 주둔하다, 정착하다
semper	*adv.* 항상, 영원히, 계속
senatus	-us *m.* 연장자, 노인, 장로 ; (특히, 고대 로마의) 원로원
sentio	-ire, sensi, sensus *v.* (감각으로) 지각하다, 인지하다, 느끼다, 알아채다 ; (마음으로) 받아들이다, 알다, 배우다, 이해하다
septem	*adj.* 일곱(7)
septimus	-a, -um *adj.* 일곱번째
sequor	-i, secutus sum *v.* 뒤따르다, 뒤쫓다, 추격하다 ; (순서가) 다음에 오다, 잇따라 일어나다, 뒤를 잇다 ; 따라가다
	sequēns -entis 추격자, 뒤쫓는 사람, 뒤에 있는 사람
serpens	-entis *f.* 뱀
sertae	-arum *f.* 화환
servitus	-utis *f.* 노예상태, 노역
servo	-are, -avi, -atus *v.* 지켜보다, 망보다, 경계하다, 돌보다, 보호하다, 지키다 ; 계속시키다, 존속시키다
	servans -antis pp. as *adj.*, 파수꾼, 지켜보는 사람
servus	-i *m.* 노예
sese	*pron.* 재귀대명사형
sex	*adj.* 6
Sextus	-i *m.* 로마인의 이름

si	*conj.* 만약, ~할 경우에 ; ~할 때, ~하면, ~할 때에는 언제나 ; 〈소망〉 ~하기만 한다면 ; 〈양보〉 ~이더라도 si quis 누구든지, 언제든지. si modo ~하기만 하면 quam si 마치 ~인 것처럼
sic	*adv.* 따라서, 그래서, 이와 같이
Sicilia	-ae *f.* 시실리
sicut	*adv.* ~와 같이, ~처럼
signifer	-eri *m.* 모범 재임자
signum	-i *n.* 표시, 지시 ; (~이라는) 기미, 증거 ; (특히) 상(像) 형태, 모양 ; 조각, 자수 ; 별자리, 별, 징조 ; 군기(軍旗)
silva	-ae *f.* 나무, 숲, 삼림 ; 덤불, 잡목 숲 ; 숲지대
similis	-e *adj.* ~와 같은, 닮은, 비슷한
simul	*adv.* 동시에. ~하자마자 simul atque ~하자마자
simul ac(atque)	*conj.* ~하자마자
sine	*prep.* ~없이
singuli	-ae, -a *adj.* 한 번에 하나씩, 단 하나의
sinister	-tra, -trum *adj.* 왼쪽의, 왼손의 ; 불길한, 재수 없는, 해로운
sinuessa	-ae *f.* 캄파니아의 한 마을
sitis	-is *f.* 목마름, 갈증 ; 가뭄, 바싹 마르게 하는 열
situs	-a, -um *adj.* sinō의 과거분사
socius	soci *m.* 동맹, 동반자, 추종자, 지지자
sol	solis *m.* 태양 ; 태양신 Apollo ; 일광, 태양열
soleo	-ere, solitus sum *v.* 익숙해지다, ~하는 습관이 생기다, 사용하다
sollicitus	-a, -um *adj.* 격렬히 동요하는, 매우 흥분한 ; 걱정하는, 염려하는
solus	-a, -um *adj.* 혼자의, 고독한 ; 유일한, 단독의 ; 외톨이의, 버림받은
solvo	-ere, solvi, solutus *v.* (새끼·매듭을) 풀다, 끄르다 ; (속박에서) 해방시키다, 자유롭게 하다 ; 풀다, 누그러뜨리다 ; (의무·책임에서) 해방시키다, (책무 따위를) 행하다, 상환하다
somnus	-i *m.* 잠, 졸음 ; 꿈, 환상 ; 밤
soror	-oris *f.* 자매, 누이, 언니, 여동생
spatium	spati *n.* 공간 ; (시간의) 사이 ; (특정한 길이의) 간격, 거리 ; 정도, 범위, 한계 ; (比喩的) 시공간

spectaculum	-i *n.* 광경, 장관 ; 전람, 전시
specto	-are, -avi, -atus *v.* 응시하다, 가만히 보다, 주시하다 ; 시험하다 ; 고려하다, 간주하다, 여기다
spero	-are, -avi, -atus *v.* 희망하다, 소망하다 ; 기대하다, 기다리다
spes	spei *f.* 소망, 기대 ; 꿈
splendide	*adv.* 훌륭하게, 재주있게
splendidus	-a, -um *adj.* 밝은, 밝게 빛나는 ; 장대한, 화려한, 훌륭한, 근사한
Stabianus	-a, -um *adj.* 스타비아인
stabulum	-i *n.* 외양간, 마구간, 벌집, 가축우리 ; 짐승의 떼 ; (야생동물의) 보금자리 ; 거처, 동굴, 양치기의 오두막
statim	*adv.* 그 자리에서, 한번에, 바로
statua	-ae *f.* 조각상
statuo	-ere, -ui, -utus *v.* 정하다, 결심하다
stilus	-i *m.* 철 연필, 철필
sto	-are, steti, status *v.* 서다, 꼿꼿이 서다, 가만히 서 있다 ; (사물이) 꼿꼿이 서 있다, 세워졌다 ; (比喩的) 머무르다, 남아있다, 버티다 ; 멈추다, 정지하다 ; (가격 등이) 고정되다, 정해지다
startus	-a, -um *adj.* sterno의 과거분사
strepitus	-us *m.* 소음, 시끄러운 소리, 으르렁거리는 소리 ; (도시의) 바쁜 소음
stringo	-ere, strinxi, strictus *v.* 묶다, 결박하다, 압착하다 ; (무기를) 빼어 들다 ; (칼 따위를) 칼집에서 빼다 ; (무기가) 스치고 지나가다, 상처를 입히다 ; 강탈하다, 베어내다
studeo	-ere, -ui *v.* ~에게 관심을 주다, 열정적인
studium	studi *n.* 열정, 열의, 근면, 부지런함 ; 흥미, 관심, 욕구 ; 기호, 호감
stultus	-a, -um *adj.* 어리석은, 멍청한
Stymphalis	-idis *adj.* 그리스 남쪽의 강
Stymphalus	-i *m.* 같은 이름의 산 강 마을이 있는 그리스 남쪽의 지역
suadeo	-ere, -si, -sus *v.* 조언하다, 충고하다, 권고하다 ; 설득하다, 제의하다 ; ~하도록 자극[고무]하다
sub	*prep.* ~의 밑에[의, 을], ~에 가까이, ~에, ~의 바로 뒤에 ; ~동안, (하룻밤)에 ; (지배·감독·보호 따위의) 아래에

sub-igo	-ere, -egi, -actus *v.* 밀어내다, 밀고 나아가다, 추진하다 ; 정복하다, 진압하다, 억누르다
sub-sequor	-i, -secutus sum *v.* 곧 바로 따라가다, 뒤를 쫓아가다
suc-cedo	-ere, -cessi, -cessus *v.* 밑으로 내려가다 ; 들어가다 ; 대신하다
sui	*pron.* 그(그녀, 그것, 그들, 그녀들, 그것들)의
sum, esse, fui, futurus	irreg. *v.* -이다 ; -되다 ; 존재하다
summus	-a, -um *adj.* superus의 최상급
sumo	-ere, sumpsi, sumptus *v.* 가지다 ; 견디다 ; 입다
super	*prep.* -보다 위에 ; -보다 나은
superbia	-ae *f.* 자부심 ; 자만함 ; 무법의
superbus	-a, -um *adj.* 자만한 ; 오만한
superior	*adj.* 위의
supero	-are, -avi, -atus *v.* 위로 솟다 ; 넘어서다 ; 제압하다
supersum	-esse, -fui *v.* 버티다 ; 살아남다
superus	-a, -um *adj.* ~위에 있다
supplicium	supplici *n.* 징벌, 고문
	supplicium sumere de : ~에게 벌을 내리다
	supplicium dare : 벌에 고생하다
surgo	-ere, surrexi *v.* 일어나다
sus-cipio	-ere, -cepi, -ceptus *v.* 시작하다, 가정하다, 착수하다
suspicor	-ari, -atus sum dep. *v.* 의심하다, 가정하다
sus-tineo	-ere, -tinui, -tentus *v.* 견디다, 지탱하다
suus	-a, -um *adj.* 그(녀)의, 그것의 ; 그(녀)들의, 그것들의
taberna	-ae *f.* 가판대, 상점
tabula	-ae *f.* 쓸때 사용하는 명판
talis	-e *adj.* 그러한
	talis ~ qualis : ~와 같은
tam	*adv.* 그렇게, 그러한
tamen	*adv.* 그러나, 그럼에도 불구하고
tandem	*adv.* 길게, 결국
tango	-ere *v.* 만지다, 접촉하다
tantum	*adv.* 오직

tantus	-a, -um *adj.* 큰
	tantus ~ tantus : ~만큼 큰
tardus	-a, -um *adj.* 늦은, 게으른
Tarpeia	-ae *f.* Sabines에게 요새를 열어준 여종 Tarpeia
Tarquinius	Tarquini *m.* 로마 왕의 이름
Tarracina	-ae *f.* Latium에 있는 마을
taurus	-i *m.* 황소
tectus	-a, -um *adj.* 덮여 있는, 보호되어 있는
telum	-i *n.* 무기
temere	*adv.* 급하게, 성급하게
tempestas	-atis *f.* 폭풍
templum	-i *n.* 사원, 성소
tempto	-are, -avi, -atus *v.* 노력하다, 시험하다, 시연하다, 시도하다
tempus	-oris *n.* 시간
	in reliquum tempus: 미래에
teneo	-ere, tenui *v.* 유지하다
tergum	-i *n.* 뒤
	a tergo: 뒤에서, tergum vertere: 후퇴하다, 도망하다
terni	-ae, -a *adj.* 세 개 각각
terra	-ae *f.* 땅, 영토
terror	-oris *m.* 공포, 경고
tertius	-a, -um *adj.* 세번째
Teutones	-um *m.* Teuton들
theatrum	-i *n.* 극장
Thebae	-arum *f.* 그리스 도시중 하나, Thebes
Thebani	-orum *m.* Thebe의 사람들
thermae	-arum *f.* 욕조
Thessalia	-ae *f.* 북부 그리스의 지역 Thessaly
Thracia	-ae *f.* 북부 그리스의 지역 Thrace
Tiberius	Tiberi *m.* 로마의 성씨 Tiberius
tibicen	-inis *m.* 피리부는 사람
timeo	-ere, -ui *v.* 두려워하다

timor	-oris *m.* 두려움, 공포, 경고
Tiryns(Tirynthis)	*f.* Hercules가 Eurystheus를 섬겼던 남부 그리스의 고대 마을
toga	-ae *f.* 토가
tormentum	-i *n.* 전쟁의 동기
totiens	*adv.* 매우 자주
totus	-a, -um *adj.* 모든
trado	-ere, -didi, -ditus *v.* 포기하다, 항복하다, 배신하다
traduco	-ere, -duxi, -ductus *v.* 이끌다
traho	-ere, traxi, tractus *v.* 끌다, 당기다
	multum trahere : 연장하다, 오래 끌다
traicio	-ere, -ieci, -iectus *v.* 던지다
trano	-are, -avi, -atus *v.* 헤엄쳐가다
trans	*prep.* 가로질러서, 넘어서
transeo	-ire, -ii, -itus *v.* 건너가다
transfigo	-ere, -fixi, -fixus *v.* 뚫다, 관통하다
transitus	*v.* 건너가다
tres	tria *adj.* 3
triduum	tridui *n.* 3일
triginta	*adj.* 30
triplex	-icis *adj.* 3배
tristis	-e *adj.* 슬픈, 심각한, 끔찍한
tristitia	-ae *f.* 슬픔, 눈물
triumpho	-are, -avi, -atus *v.* 승리를 축하하다
triumphus	-i *m.* 승리
	triumphum agere : 승리를 축하하다
trucido	-are, -avi, -atus *v.* 잘게 자르다, 학살하다
tu	tui *pron.* 너, 당신
tuba	-ae *f.* 트럼펫
Tullia	-ae *f.* 로마에 있는 이름중 하나
tum	*adv.* 그 때, 그 당시에
turris	-is *f.* 감시탑, 망루
tutus	-a, -um *adj.* 안전한

tuus	-a, -um *adj.* 너의
ubi	*adv.* 어디, 언제
ullus	-a, -um *adj.* 어떤
ulterior	-ius, -oris *adj.* 더 먼
ultimus	-a, -um *adj.* 가장 먼
umbra	-ae *f.* 그늘
umerus	-i *m.* 어깨
umquam	*adv.* 어느 때든지
una	*adv.* 바로 그 장소에서, 바로 그 때에
undecimus	-a, -um *adj.* 11번째
undique	*adv.* 모든 부분에서, 모든 곳에서
unus	-a, -um *adj.* 하나, 혼자
urbs	-is *f.* 도시
urgeo	-ere, ursi *v.* 누르다, 붐비다
urus	-i *m.* 황소
usque	*adv.* 심지어, 완전히
usus	-us *m.* 사용하다, 이용하다
ut	*conj.* ~하기 위해서 [+ 접속법동사]
uter	-tra, -trum *pron.* (둘중에) 어떤?
uterque	utraque, utrumque *indef. pron.* (두개) 각각, 둘 다 utraque parte : 두쪽 다
utilis	*adj.* 유용한 utor : 사용하다
utrimque	*adv.* 각각의, 어떠한 쪽에서든지
uva	-ae *f.* 포도(송이)
uxor	-oris *f.* 아내
vagina	-ae *f.* 칼집
vagor	-ari, -atus sum *dep. v.* 궁금해하다
valeo	-ere, -ui, -iturus *v.* 강력해지다, 잘하다 plurimum valere : 가장 큰 힘을 가지다
valetudo	-inis *f.* 건강
validus	-a, -um *adj.* 강력한, 유능한

valles	-is *f.* 골짜기
vallum	-i *n.* 성곽, 성벽, 건축
varius	-a, -um *adj.* 밝은 색상의
vasto	-are, -avi, -atus *v.* 황폐화시키다, 버려두다
vectigal	-alis *n.* 세금, 공물
vehementer	*adv.* 열정적으로, 격렬하게
veho	-ere, vexi, vectus *v.* 전달하다, 옮기다
vel	*conj.* 또한, 더욱이
velocitas	-atis *f.* 부드러움
velox	-ocis *adj.* 빠른, 신속한
velum	-i *n.* 항해하다
vendo	-ere, vendidi, venditus *v.* 팔다
venio	-ire, veni, ventus *v.* 오다, 가다
ventus	-i *m.* 바람
verbum	-i *n.* 단어, 말
	verba facere pro : ~을 대표해서 말하다
vereor	-eri, -tus sum dep. verb 공포, 공경, 경의
Vergilius	Vergili *m.* 시인 Vergilius
vergo	-ere *v.* 바꾸다, 거짓말하다
	tum vero : 그러면 너는 확신할 것이다
vero	*adv.* 사실은, 실제로는 *conj.* 그러나
	tergum vertere : 후퇴하다, 도망하다
verto	-ere, -ti, -sus *v.* 바꾸다
verus	-a, -um *adj.* 사실의, 실제적인
vesper	-eri *m.* 저녁
vester	-tra, -trum *adj.* 너의, 너의것
vestigium	vestigi *n.* 발자국, 추적, 흔적
vestimentum	-i *n.* 의복, 옷
vestio	-ire, -ivi, -itus *v.* 옷입다
vestis	-is *f.* 옷, 의상, 의복
vestitus	-a, -um *adj.* 옷을 입은
Vesuvius	Vesuvi *m.* 폼페이 근처의 화산

veteranus	-a, -um *adj.* 오래된, 숙련된
veto	-are, -ui, -itus *v.* 금지하다, 막다
vexo	-are, -avi, -atus *v.* 괴롭히다, 문제를 일으키다
via	-ae *f.* 길, 거리, 방법
viator	-oris *m.* 여행자
victor	-oris *m.* 정복자, 승리자
victoria	-ae *f.* 승리
vicus	-i *m.* 마을
video	-ere *v.* 보다, 인식하다
vigilia	-ae *f.* 보다
	de tertia vigilia : 세 번째 감시에서
viginti	*adj.* 20
vilicus	-i *m.* 농장 감시자
villa	-ae *f.* 농장, 저택
vincio	-ire *v.* 묶다, 구속하다
vinco	-ere *v.* 정복하다, 패배, 극복하다
vinea	-ae *f.* (피, 눈물 등을) 흘리다
vinum	-i *n.* 와인
violenter	*adv.* 폭력적으로, 광란하여
vir	viri *m.* 사람, 남편, 영웅
virilis	-e *adj.* 남자다운
virtus	-utis *f.* 남자다움, 용기, 미덕, 용맹
vis	*f.* 힘, 폭력
vita	-ae *f.* 삶
vito	-are, -avi, -atus *v.* 피하다
vivo	-ere, vixi *v.* 살다
vivus	-a, -um *adj.* 살아있는
vix	*adv.* 거의~않다
voco	-are, -avi, -atus *v.* 부르다, 소환하다, 초대하다
volo	-are, -avi, -aturus *v.* 날다
volo	velle, volui *v.* 소망하다, 기꺼이
volumen	-inis *n.* 두루마기, 책

Vorenus	-i *m.* 100인대장의 이름	
vos	*pron.* 너희들은, 당신들은	
votum	-i *n.* 약속, 절, 기도	
vox	vocis *f.* 목소리, 울다 ,말	
vulnero	-are, -avi, -atus *v.* 상처받다, 다치다	
vulnus	-eris *n.* 상처받다, 다치다	
vulpes	-is *f.* 여우	

연습문제 해답

▶ 1과 I

1. 선원이 싸운다, 선원들이 싸운다.
2. 소녀가 사랑한다, 소녀들이 사랑한다.
3. 농부가 운반한다, 농부들이 운반한다.
4. 딸이 일한다, 딸들이 일한다.
5. 착한 선원이 알리다, 착한 선원들이 알리다.
6. 아름다운 여주인들이 사랑한다, 아름다운 여주인이 사랑한다.

▶ 2과 I

1. 디아나는 여신이다.
2. 라토나는 여신이다.
3. 디아나와 라토나는 여신들이다.
4. 디아나는 달의 여신이다.
5. 디아나는 라토나의 딸이다.
6. 라토나는 디아나를 사랑한다.
7. 디아나는 숲들의 여신이다.
8. 디아나는 숲을 사랑한다.
9. 디아나는 화살들을 운반한다.
10. 디아나는 숲의 짐승들을 죽인다.
11. 여러 지역의 짐승들이 싸운다.

▶ 3과 I

1. 딸과 함께 농부는 집에서 살고 있다.
2. 농부의 착한 딸은 저녁을 준비한다.
3. 저녁식사는 농부에게 기쁨이었고, 그래서 농부는 착한 딸을 칭찬한다.
4. 그때 농부의 딸은 암탉들을 저녁을 먹도록 불렀다.
5. 암탉들이 농부의 딸을 좋아한다.
6. 못된 딸들은 좋은 저녁식사를 준비하지 않는다.
7. 농부의 딸은 여주인에게 기쁨이다.
8. 큰 섬에 여주인이 산다.
9. 여주인은 착하고 작은 여자아이에게 돈을 준다.

▶ 3과 II

1. viam

    로마인들은 길을 통해 걸어간다.

2. agro

    가정부는 밭에 있다.

3. equo, terram

    장군은 말에서 땅으로 떨어 졌다.

4. in, ex, in

    숲에서 소년은 말에서 떨어져서, 땅에 누워 있다.

5. per, ad

    나귀는 숲을 통해 수도원으로 (걸어)간다.

▶ 4과 I

1. 농부와 함께 집에 사는 사람이 누구니?
2. 착한 딸은 농부에게 무엇을 준비해주니?
3. 농부는 누구를 칭찬하니?
4. 농부의 딸은 저녁식사를 하도록 암탉들을 부릅니까?
5. 누구의 딸이 여주인에게 기쁨을 주는가?

6. 여주인은 누구에게 돈을 주는가?
7. 섹스투스의 딸들은 어디에 살고 있나요?
8. 섹스투스의 하인은 주인의 말을 왜 돌보지 않나요?
9. 네 아들이 수많은 로마인들의 장군이니?
10. 무슨 창들을 운반하는가?

▶ 5과 I

〈갈바와 마르쿠스〉

G: 누구냐, 마르쿠스야, 창과 트럼펫을 가진 장수는?
M: 장수는, 갈바야, 섹스투스다.
G: 섹스투스는 어디에 사느냐?
M: 섹스투스는 마을에서 딸들과 함께 산다.
G: 마을 사람들이 섹스투스를 사랑하느냐?
M: 마을 사람들은 섹스투스를 사랑하고 찬양한다,
  왜냐하면 그가 대단히 용맹하게 싸웠기에.
G: 어디에, 마르쿠스야, 그대의 하녀가 있느냐? 왜 저녁이 준비되지 않느냐?
M: 내 하녀는, 갈바야, 장수의 말에게 물과 곡식을 주고 있다.
G: 왜 섹스투스의 노예가 주인의 말을 돌보지 않느냐?
M: 섹스투스와 노예는 마을 벽으로 서둘러 달려간다.
  마을 사람들은 전쟁을 준비하고 있다.

▶ 5과 II

1. 착한 뱃사람이 마을에 있다.
2. 섹스투스는 착한 뱃사람의 친구이다.
3. 섹스투스는 착한 뱃사람에게 투구를 주었다.
4. 로마 사람(들)은 착한 뱃사람을 칭찬한다.
5. 착한 뱃사람들과 함께 섹스투스는 노획물을 운반한다.
6. 착한 뱃사람아 로마 장군들의 무기들과 창들은 어디에 있니?
7. 착한 뱃사람들은 전쟁(터)로 진격한다.

8. 착한 뱃사람들의 명성은 멋지다.
9. 싸움들은 착한 뱃사람들에게는 즐거움이다.
10. 도시사람들은 착한 뱃사람들을 돌본다.
11. 착한 뱃사람들아, 왜 못된 농부들이 라인강으로 진격하니?
12. 착한 뱃사람들과 못된 농부들은 싸운다.

▶ 6과 Ⅰ

1. 로마인들은 경작하기 이상적인 땅을 가지고 있다.
2. 갈리아인들은 수많은 로마인들과 적대적이었다.
3. 여신 라토나는 누구와 친하지 않았는가?
4. 여신 라토나는 거만한 여왕과 친하지 않았다.
5. 마르쿠스야, 우리의 음식은 무장한 남자들에게 기쁨을 줄 것이다.
6. 무엇이 이탈리아 사람들에게 화가 나는 것이었는가?
7. 갈리아들과 오랫동안의 전쟁들은 이탈리아인들에게 화나는 일이었다.
8. 독일인들의 밭들은 라인 강과 접해 있었다.
9. 로마인들은 도시와 가까운 숲으로 진영들을 옮기고 있었다.

▶ 6과 Ⅱ

1. 구성원들의 말을 믿는가? 많은 사람들이 그늘의 말을 믿지 않는다.
2. 나의 인접지역 사람들은 네 충고에 호의적이지 않다. 왜냐하면 그들은 전쟁에 열의를 가지고 있다.
3. 티베리우스와 가이우스는 혹독한 훈련에 저항하지 않았다. 그리고 코르넬리우스를 따랐다.
4. 여신은 7명의 딸을 가진 여왕에게 적대적이었다.
5. 혹독한 벌과 끝없는 슬픔을 가진 여왕을 설득하지 하지 못했다.
6. 최근에 그녀가 저항했었고, 지금은 라토나의 형벌을 저항하고 있다.
7. 곧 화살들이 날아 가서, 불쌍한 아이들을 죽일 것이다.

▶ 7과 Ⅰ

1. 착한 하인의 조국은, 착한 하인들의 마을은, 좋은 사람들이여
2. 큰 도시들의 사람들, 큰 도시에서, 큰 도시들에서
3. 긴 창들을 가지고, 긴 창들이 있는 곳으로, 넓은 성벽이 있는 곳으로
4. 못된 장수여, 나쁜 장수의 친구들, 착한 주인에게 기쁨을 주는 저녁식사
5. 작은 말들의 음식을, 착한 주인이여, 멋진 장수들이 있는 곳으로
6. 라인강은 나의 조국인 독일에 있다.
7. 섹스투스 장수는 긴 창을 운반한다.
8. 착한 도시인들은 멋진 장수인 섹스투스에게 돈을 준다.
9. 못된 하인들은 주인 마르쿠스의 좋은 말을 죽인다.
10. 농부 갈바와 착한 딸 이울리아는 일을 한다.
11. 뱃사람 마르쿠스는 시칠리아 섬에 살고 있다.

▶ 7과 Ⅱ

〈마르쿠스와 코르넬리우스〉

C: 마르쿠스야, 너의 아들은 어디에 있느냐? 아름다운 땅인 이탈리아에 있느냐?
M: 아니, 코르넬리우스, 이탈리아에 있지 않다. 독일인들과의 전쟁은 유명하기 때문에 (그는) 많은 로마인들과 함께 라인 강으로 진격했다. 독일의 자유로운 사람들은 로마인들을 좋아하지 않는다.
C: 너의 아들이 수많은 로마인들의 장군인가?
M: 장군은 아니다. 그러나 군인들 사이에 있다. (군인들 대열에 있다는 뜻)
C: 어떤 종류의 무기들을 운반하나?
M: 커다란 방패, 딱딱한 갑옷 그리고 아름다운 투구들을 운반한다.
C: 어떤 종류의 창을 운반하나?
M: 검과 긴 창을 운반한다.
C: 장군은 너의 아들을 사랑하는가?
M: 사랑한다. 그리고 때때로 나의 아들에게 아름다운 선물과 많은 전리품을 준다.
C: 독일인들의 땅은 어디에 있나?
M: 독일인들의 땅은, 코르넬리우스야, 크고 깊은 강인 라인강과 접해있다.

▶ 8과 Ⅰ

1. 우리는 호출한다, 너희들은 진격한다. (그들은) 명령한다.
2. 너희들은 움직인다, 너는 칭찬한다, 너는 본다.
3. 너희들은 없앤다, 너희들은 가지고 있다, (그들은) 가지고 있다.
4. 너는 강화한다, (그는) 바란다, 우리는 본다.
5. (그는) 명령한다, (그들은) 움직인다, (그는) 죽인다.
6. 우리는 말한다, (너는) 움직인다, (그들은) 본다.
7. (너희들은) 일한다, (그들은) 진격한다, (너는) 운반한다, (그들은) 준비한다.
8. (그는) 없앤다, 너희들은 가지고 있다, 우리는 명령한다, 너는 준다.

▶ 8과 Ⅱ

1. 너희들은 움직일 것이다, 너는 칭찬한 것이다, 나는 경작할 것이다.
2. 너희들은 없앨 것이다, 너희들은 부를 것이다, (그들은) 줄 것이다.
3. 너는 강화할 것이다, (그는) 바랄 것이다, 우리는 볼 것이다.
4. (그는) 가질 것이다, (그들은) 움직일 것이다, (그는) 죽일 것이다.
5. 우리는 말할 것이다, 너는 충고할 것이다, (그들은) 볼 것이다.
6. 너희들은 일할 것이다, (그들은) 돌볼 것이다, 너는 줄 것이다.
7. 우리는 살 것이다, 너희들은 진격할 것이다, (그들은) 명령할 것이다, (그는) 준비할 것이다.
8. 나는 말할 것이다, 우리는 운반할 것이다, 나는 명령할 것이다.

▶ 9과 Ⅰ

1. 좋은 땅의 곡식들의, 나쁜 검투사의, 긴 전쟁의.
2. 엄청난 지속성을 가지고, 큰 선물, 멋진 웨르길리우스여.
3. 못된 하인이여, 오 멋진 도시여, 나쁜 아들아, 나쁜 아들들은, 나쁜 아들의.
4. 긴 강의, 긴 강들은, 긴 강들의, 큰 상의 소문은.
5. 작은 검투사들과, 예쁜 여신들과, 멋진 뱃사람들이 있는 곳으로.
6. 많은 전쟁들의, 큰 선물의(에게), 혹독한 전쟁터(들)로.

▶ 9과 Ⅱ

1. 이율리아는 어느 집에 있니? 이율리아는 어느 집에도 없다.
2. 선생님은 어떤 나쁜 아이에게도 선물을 주지 않을 것이다.
3. 한 소년은 선원이고, 다른 소년은 농부이다.
4. 어떤 사람들은 물을 사랑하고, 다른 사람들은 뭍을 사랑한다.
5. 갈바는 열정만을 가지고 일한다.
6. 나의 논밭에 마차가 있습니까?
7. 레스비아는 주인들 중 하나의 여종이고, 툴리아는 다른 주인의 여종이다.
8. 레스비아는 혼자서 저녁 식사를 준비한다.
9. 다른 어떤 여종의 저녁 식사도 훌륭하지 않다.
10. 레스비아는 어떤 남자에게도 저녁 식사를 주지 않는다.

▶ 10과 Ⅰ

1. 누가 운전하니? 왜 (그는) 오니? (그는) 누구를 보내니? 넌 누구를 이끄니?
2. (그들은) 무엇을 보내니? 누구에게 (그들이) 오니? (그들은) 누구의 진영을 보강하니?
3. 누구를 몰아내니? 우리는 옵니다. 아이는 무엇을 찾니?
4. 우리는 누구를 보내지? 너희들은 누구의 말을 이끄니? 그들은 무엇을 말하나?
5. 우리는 보강한다, 너희들은 온다, (그는) 말한다.
6. 우리는 운전한다, 너희들은 찾는다, 너는 보강한다.
7. 너는 찾는다, 너희들은 이끈다, 너는 말한다.
8. 너희들은 운전한다, 우리는 듣는다, 우리는 통치한다.

▶ 10과 Ⅱ

1. (그는) 말할 것이다, 너희들은 이끌 것이다, 우리는 보강할 것이다.
2. (그들은) 말할 것이다, 너희들은 말할 것이다, 우리는 보낼 것이다.
3. (그들은) 보강할 것이다, 너희들은 찾을 것이다, 우리는 운전할 것이다.
4. (그들은) 이끌 것이다, 너는 보낼 것이다, (그는) 올 것이다, (그는) 운전할 것이다.
5. (그는) 보강할 것이다, 너희들은 찾을 것이다, 우리는 운전할 것이다.

6. 난 보낼 것이다, 우리는 올 것이다, (그들은) 통치할 것이다.
7. 너희들은 들을 것이다, 너는 올 것이다, 너는 찾을 것이다.
8. (그는) 찾을 것이다, 나는 운전할 것이다, 우리는 이끌 것이다, (그는) 보낼 것이다.
9. 너희들은 볼 것이다, 난 앉아 있을 것이다, 우리는 말할 것이다.

▶ 11과 Ⅰ

1. 우리는 보고 있었다, 그는 원하고 있었다, 너는 서두르고 있었다.
2. (그들은) 주고 있었다, 너희들은 부르고 있었다, 우리는 파괴하고 있었다.
3. 그들은 싸우고 있었다, 너는 칭송하고 있었다, 너희들은 움직이고 있었다.
4. (그들은) 명령하고 있었다, 너희들은 진격하고 있었다, 우리는 운반하고 있었다.
5. 너는 주고 있었다, (그들은) 말해주고 있었다, 너희들은 일하고 있었다.
6. (그들은) 보고 있었다, 너는 움직이고 있었다, 우리는 언급하고 있었다.
7. (그는) 죽이고 있었다, 나는 움직이고 있었다, (그는) 가지고 있었다, 너희들은 준비하고 있었다.

▶ 11과 Ⅱ

1. 너는 소유했다, 그들은 움직였다, 보냈었었다.
2. (그는)봤다, 너는 말할 것이다, 말하게 된다(완료원형).
3. 너희들은 보냈다, 복종했다, 출발 할 것이나.
4. (그는) 강화했다, 난 줬었다, 난 보낼 것이다.
5. 우리는 가질 것이다, 난 제거했다, (그는) 복종했다, 난~일 것이다(완료원형).
6. 너는 줄 것이다, 너희들은 보강했었다, 너희들은 올 것이다, 보내다(완료원형).
7. 넌 왔었다. 만들다(완료원형), 너희들은 주었었다, 너는 운반할 것이다.
8. 신탁의 말들은 누구를 움직이게 했었나?
9. 체페우스는 누구에게 신탁의 말을 언급할 것인가? 체페우스에게 페르세우스가 신탁의 말을 언급할 것이다.
10. 안드로메다로부터 친구들은 출발했었다.
11. 난폭한 괴물이 많은 주거지를 파괴했었다.
12. 어디서 너는 괴물을 보았니? 우리는 물속에 있는 그것을 보았다.

13. 괴물은 무엇을 만드는가? 괴물은 안드로메다를 파괴한다.

▶ 12과 Ⅰ

1. 나의 어머니는 나에게 귀한분이고, 너의 어머니는 네게 귀한분이다.
2. 너희들의 편지는 우리를 기쁘게 했으며 우리의 편지는 너희를 기쁘게 했다.
3. 우리와 함께 있는 왕의 전령은 아무런 답변도 하지 않을 것이다.
4. 메시지들은 평화와 우애를 그들과 그들의 동료들에게 요구한다.
5. 만약 네가 무기를 얻으면, 나는 왕국을 손에 넣을 것이다.
6. 너희 중 누가 로마의 시민이냐? 우리 중 아무도 아니다.
7. 그때 많은 이들에게 벌을 주었다. 왜냐하면, 왕권을 요구했기 때문이다.
8. 카에사르여, 우리 사나운 조국의 적들의 벌을 받으시오.
9. 첫 번째 빛(동이 틀 때)에 몇몇은 겁에 질려 도망쳤었다.; 다른 몇몇은, 그러나, 위대한 용기로 우리 군대의 공격을 견뎌냈다.
10. 왕의 여동생이 싸움의 부정적 결과에 대하여 들었을 때, 그녀는 폼페이에서 자살했다.

▶ 12과 Ⅱ

1. 누가 아픈가? 내가 사랑하는 하인이 아프다.
2. 넌 누구의 방패를 가지고 있니? 난 장수가 성으로 보낸 그 방패를 가지고 있다.
3. 장수가 누구에게 자신의 방패를 줬나? 나의 아들에게 방패를 줬다.
4. 어디에 옛 독일인 들이 살았었나? 라인강 옆의 영토에서 독일인들이 살았었다.
5. 어떤 사람들과 독일인들이 전쟁을 했었나? 그들을 이기려 혈안이 되어있었던 로마인들과 독일인들은 전쟁을 했었다.
6. 어떤 남자들이 진영을 꾸렸나? 그들은 독일인들의 군대에 의해 패배했던 남자들이다.
7. 수많은 우리들은 무슨 무기들이 필요한가? 검과 창이 수많은 우리에게는 필요하다.
8. 어떤 사람들에 의해 왼쪽 문이 점령당했나? 동료들에 의해 왼쪽 문이 점령당했다.
9. 어떤 지역들이 로마인들에 의해서 점령되었나? 많은 주들이 로마인들에 의해 점령당했다.

10. 어떤 남자들이 신에게 호의적이겠는가? 착한 남자들이 신에게 호의적일 것이다.

▶ 13과 I

1. 카에사르의 도착 전에 적들의 빠른 기마병들은 진영에서 치명적인 공격을 행했다.
2. 전쟁에서 군대를 유지한다는 것이 쉽지 않았다.
3. 그의 도착 후에, 카에사르는 진영으로부터 군대(들)을 이끌고 나오라고 명령했다.
4. 적의 기마병과 진영 앞에서 싸웠다.
5. 짧은 시간 후에, 적들의 진영이 점령되었을 때, 기마병은 강을 통해 도망갔다.
6. 그래서 승리한 황제는 영토들을 황폐화 시켰고, 적들의 마을을 불태웠다.
7. 하지만, 진영을 맹공하지는 않았다. 왜냐하면, 군인들은 지쳤었고, 지형은 (정복하기) 어려웠다.
8. 적들이 창(들) 던지는 것을 멈추지 않았다. 창들은 몇 명만을 상처입혔다.
9. 전쟁이 시작된 이후에 갈루스인들의 왕자들은 장수들을 카에사르에게 보내는데 열을 올렸다. 하지만, 사람(들)을 설득할 수는 없었다.

▶ 13과 II

1. 농부 갈바는 시골에 살았다. 매일 아침 동틀 때, 일을 시작했고, 저녁전에는 그의 열정은 멈추지 않았다.
2. 정오에 딸 이울리아는 그를 저녁식사를 하도록 불렀다. 밤에 피곤한 발걸음을 집으로 향했다.
3. 여름에 농부의 아들들은 아버지에게 도움을 드린다. 겨울에는 농부는 그들을 학교에 보낸다.
4. 그곳에서 선생님은 아이들에게 카에사르의 공적에 관한 많은 이야기를 해준다. 여름에는 농부의 아이들은 끊임없는 일을 하게 되는데, 밭의 육중한 작업은 그들에게 귀찮은 것은 아니다.
5. 갈바는 다른 어떤 보살핌 없이 살고 있으며, 역경도 두려워하지 않는다.

▶ 14과 Ⅰ

1. 그녀를, 그를, 그것(은)을, 그들을, 그녀들을, 그녀는 칭찬한다.
2. 그 마차가, 그 명성이, 그 선생님들이, 그 여자들이, 그 숙소가(을), 그 숙수들이(을).
3. 그 강한 감시는(을), 약하고 아픈 그 여자분들 사이에서, 그 지속성이 약한 것은, 그 많은 계획들은(을).
4. 다른 여자아이는 그녀의 닭들을 불러 모았다.
5. 다른 농부는 그들의 밭들을 때때로 경작을 한다.
6. 갈루스인들은 자신들의 군대를 칭송한다.
7. 갈루스인들은 그들의 군대를 칭송한다.
8. 그 농부는 그들의 밭들을 때때로 경작한다.
9. 그 불쌍한 하인들은 자신들의 주인을 그리워한다.
10. 그 불쌍한 하인들은 그들의 주인을 그리워한다.
11. 자유로운 남자들은 자신들의 조국을 사랑한다.
12. (그들은) 마을들과 그의 도시들을 사랑한다.

▶ 14과 Ⅱ

1. 그 용감한 독일인들의 리더는 그의 수하들을 불렀다. 그리고 그들의 정신들을 이런 식으로 강화했다.
2. 난 이 나라, 이 장소에서 함께 살고 있는 너를 불렀다. 왜냐하면 나와 함께하는 너는 영토들과 집들을 로마의 잘못으로부터 자유롭게 해줘야 한다.
3. 이것이 우리에게 있어 힘들지는 않을 것이다. 왜냐하면 그 적들은 이러한 깊은 숲들, 그들이 볼 수 있는 야생 짐승의 발자국 그리고 높은 산을 두려워하기 때문이다.
4. 만약 우리가 강하다면 신들 자신은 우리에게 안전한 길을 알려줄 것이다. 그 태양, 그 눈들은 우리의 손실들을 봐왔다.
5. 그래서 로마공화국의 이름은 우리에게 뿐만 아니라, 자유를 사랑하는 모든 사람들에게 싫었다.
6. 난 너를 군대로 부른다. 그러한 옛 용기를 훈련해라, 그러면 너는 정복할 것이다.

▶ 15과 Ⅰ

1. 그는 지휘했다, 그는 지휘 받았다, 그는 전송했다, 그것은 전송되었다, 그는 이끌었다.
2. 그들은 지휘한다, 그들은 지휘 받는다, 그것들은 전송된다, 그들은 전송한다, 그들은 보호한다.
3. 나는 전송받는다, 나는 전송받을 것이다, 나는 전송할 것이다, 너는 이끌어진다, 너는 이끌어질 것이다.
4. 우리는 말함을 당할 것이다 (들을 것이다), 우리는 말한다, 우리는 말할 것이다, 우리는 말함을 당한다 (듣는다), 너희들은 보호받았다.
5. 그는 이끌어진다, 너희들은 이끌어진다, 우리는 발견된다, 나는 발견될 것이다, 그는 지휘 받는다.
6. 우리는 지휘했다, 우리는 지휘 받았다, 너는 발견된다, 너희들은 발견될 것이다.
7. 너희는 보호받는다, 나는 갔다, 나는 이끌렸다, 그는 말함을 당할 것이다 (들을 것이다).
8. 너희는 전송받는다, 너희는 전송한다, 너는 전송받는다, 너는 전송받을 것이다, 너희는 지휘 받았다.
9. 그는 말함을 당한다 (듣는다), 그는 말한다, 그들은 보호받는다, 그들은 발견할 것이다, 그것들은 들려질 것이다.

▶ 15과 Ⅱ

1. 그때 날개를 가진 페르세우스는 많은 지역들로 날라 갈 것이다.
2. 물(바다)를 통해 사나운 괴물이 진격했고, 곧 우리의 영토들을 황폐화시킬 것이다.
3. 만약, 하지만 체페우스가 신탁지역으로 간다면, 신탁은 그렇게 응답할 것이다.
4. 누가 페르세우스의 창(들)에 굴복되겠는가? 많은 괴물들은 그의 창(들)에 굴복될 것이다.
5. 많은 보살핌과 많은 눈물을 가진 농부들은 아끼는 숙소들로부터 쫓겨나오게 된다.
6. 많은 지역들은 황폐화되었고, 많은 도시는 사라졌다.
7. 괴물은 사납다. 하지마나 굴복될 것이다.
8. 넌 항상 신탁의 말들을 믿니? 난 그것(들)을 항상 믿지 않는다.
9. 체페우스가 신탁을 따를까? 신탁의 말들은 그를 설득할 것이다.

10. 만약 우리가 도망가지 않는다면, 도시는 점령되고, 시민들은 죽게 될 것이다.
11. 너희들은 아이들을 불러라. 그리고 사나운 괴물에 관한 멋진 이야기를 해줘라.

▶ 16과 Ⅰ

1. 총사령관은 군인들을 뛰라고 명령했다.
2. (그는) 그들에게 용감하게 저항하라고 재촉했다.
3. (그는) 그들에게 아이들에게 음식을 주라고 요구했다.
4. (그는) 우리가 출발하지 못하도록 설득할 것이다.
5. (그는) 우리가 집에 남아 있도록 충고한다.

▶ 16과 Ⅱ

1. 누가 카에사르에게 행군을 만들라고 명령하였는가?
2. 그 신뢰할 수 없는 정찰병들을 새벽에 출발하기로 그를 설득했다.
3. 그들은 벌을 내리지 말라고 그에게 요청할 것이다.
4. 그든 그들이 야영지에 돌아오라고 요구했다.
5. 그는 그들에게 모든 것들을 말하라고 조언했다.
6. 카에사르는 그 군인들이 더 담대하게 싸울 수 있도록 격려했다.
7. 헬웨티아는 전쟁을 개시하기 위해 그들의 집에 남았다.
8. 정찰병들은 독일군에 의해 잡히지 않도록 한 번에 출발했다.
9. 카에사르는 다른 사람들이 더 겁먹게 그들에게 벌을 내렸다.
10. 그는 로마에 승리를 알리는 메시지를 보냈다.

▶ 17과 Ⅰ

1. 할웨티아는 평화를 찾기 위해 사절단을 보냈다.
2. 그들은 밤이 되기 전 더 긴 행진을 만들기 위해 새벽녘에 사절단을 꾸렸다.
3. 그들은 잡히지 않을 수도 있는 숲에 그 여자들을 숨겼다.
4. 가울은 노예들로부터 그들의 선조의 땅을 자유롭게 하기 위해 보상해 주었다.
5. 그들은 로마인들을 그들이 전멸하지 않도록 담대하게 저항할 것이다.

6. 카에사르는 그 군인들이 더 담대하게 싸울 수 있도록 격려했다.
7. 할웨티아는 전쟁을 개시하기 위해 그들의 집에 남았다.
8. 정찰병들은 독일군에 의해 잡히지 않도록 한 번에 출발했다.
9. 카에사르는 다른 사람들이 더 겁먹게 그들에게 벌을 내렸다.
10. 그는 로마에 승리를 알리는 메시지를 보냈다.
11. 누가 카에사르에게 행군을 만들라고 명령하였는가?
12. 그 신뢰할 수 없는 정찰병들을 새벽에 출발하기로 그를 설득했다.
13. 그들은 벌을 내리지 말라고 그에게 요청할 것이다.
14. 그든 그들이 야영지에 돌아오라고 요구했다.
15. 그는 그들에게 모든 것들을 말하라고 조언했다.

▶ 17과 II

1. 모든 새들 중 독수리가 가장 빠르다.
2. 가장 빠른 말들 중 확실히 가장 빠른 동물이다.
3. 로마이름은 그 국가의 적들이 가장 싫어했다.
4. 로마인들은 항상 불충한 동맹들에게 엄한 벌을 주었다.
5. 나는 꽤 아팠고 그래서 도시에서 시골로 서둘렀다.
6. 마르쿠스는 카에사르보다 더 친한 친구들이 있다.
7. 너는 그 전쟁에 대한 좀 더 최근의 보고서들을 찾았니?
8. 심지어 승전 후에도 그가 군대의 우정을 찾기에는 적절하지 못했다.
9. 로마보다 아름다운 도시를 본적이 있느냐?
10. 프랑스인들은 독일인들보다 열정이 없었다.
11. 그 독수리는 말보다 느리지 않다.
12. 그 기운찬 여자는 밤까지 여행하는 것을 두려워하지 않았다.
13. 그 군중들의 마음은 꽤 친절하고 우호적이었다.
14. 그러나 왕의 마음은 매우 달랐다.
15. 그 왕은 그의 귀족 아버지를 닮지 않았다.
16. 이 언덕들은 우리 영토의 거대한 산보다 낮다.

▶ 18과 I

1. 레스비아가 떠나버린다면, 마르쿠스는 너무 아파할 것이다.
2. 만약 갈바가 시인이었었다면, 레스비아는 그를 사랑하지 않았을 것이다.
3. 레스비아야, 만약 네가 좋다면, 나도 기쁘다.
4. 네가 아름다운 레스비아를 봤다면 분명 그녀를 사랑했을 것이다.
5. 만약 내가 레스비아를 결혼식으로 데리고 가려고 한다면, 그녀는 "그럼 진짜로?"라고 물을 것이다.
6. 나의 (여자) 아이가 내게 천 번을 키스하지 않았다면 나는 죽었을 것이다.
7. 마르쿠스야, 만약 네가 나의 레스비아를 사랑하지 않는다면, 넌 불쌍한 내게서 속을 긁어내는 것이다.
8. 내게 배가 있지 않았다면, 시르미오네로 항해할 수 없었을 것이다.

▶ 18과 II

1. 위대한 카에사르는 건물의 일부를 불태웠다.
2. 큰 강의 물은 요새의 일부를 파괴했다.
3. 5천명의 남자들이 이 지방, 갈리아에 모였다.
4. 나의 형제 중 두 명이 같은 소문을 들었다.
5. 어떤 로마인이 시저보다 더 화려했나?
6. 그 군대의 다섯 집단은 가장 용감하게 요새를 지켰다.
7. 이 장소는 시저의 요새와 게르만족의 요새에서 같은 공간(거리)만큼 떨어져 있다.
8. 시저는 동시에 동료(동맹)에게서 그가 요구한 식량보다 더 많은 양을 받았다.
9. 상인들이 그 섬의 크기를 알고 있지 않던가? 폭이 아니라 길이를 그들이 알고 있었다.
10. 언덕의 적은 수의 우리를 보고 있던 적 스파이들이 점령되었다.
11. 카에사르는 강으로부터 2마일 떨어진 곳에 야영지를 설치했다.
12. 그는 15피트 너비의 도랑과 9피트 높이의 누벽의 야영지를 요새화 했다.
13. 다음날 그는 3시간 안에 10마일을 서둘러갔다.
14. 갑자기 적의 모든 병력들이 그 후방을 공격했다.
15. 2시간동안 로마군들은 야만인들에게 심한 괴롭힘을 당했다.
16. 3시간 안에 야만인들은 도망가고 있었다.